' La vie est un mélange subtil de magie et de pâtes '

(Federico Fellini, cinéaste italien)

Pour Maxime (et pour tous les amoureux des pâtes)
qui en mangerait matin, midi et soir !

Publié pour la première fois en 2007 par Miller Books bv

Direction artistique et design : Caplan bv
Photographies : www.food4eyes.com
Traduction des recettes : Caractères et Cætera, www.traducteurs.com
Coordination éditoriale : Idées Book
Code éditeur : 2-35086
Dépôt légal : octobre 2008
Imprimé et relié en Italie

Les secrets révélés
des pâtes

Pasta

Clorophyl Editions

ccine
Capelli d'an

Sommaire

Par souci d'authenticité, les noms de pâtes, ainsi que certains termes spécifiques, sont écrits en italien.

(V) Ce symbole indique les recettes qui ne contiennent pas de viande ni de poisson.

(4) Toutes les recettes sont prévues pour 4 personnes.

IS · XIII · PONT · MAX · OPVS CVM OMNI CVLTV A

Contrairement à une croyance populaire trop souvent répandue, les pâtes ne font pas grossir. Une portion normale de pâtes contient environ 300 calories et apporte vitamines, minéraux et protéines en grande quantité (surtout les pâtes aux œufs). Même les recettes de pâtes riches et crémeuses, telles que les pâtes d'Alfredo (à la crème et au fromage) et les pâtes à la carbonara (avec du jambon et un jaune d'œuf), ne sont pas si mauvaises que cela pour la ligne. À l'origine de cette mauvaise réputation : la quantité excessive de sauce qui les accompagne. Les italiens sont plus raisonnables car ils savent que la saveur des pâtes doit s'accorder parfaitement avec celle de la sauce. Les pâtes de bonne qualité servies nature constituent évidemment un plat très nourrissant et délicieux.

Bolzano
Frioul-Vénétie Julienne
Trentin
Haut-Adige
Udine
Trente
Trieste
Lombardie
Vénétie
Aoste
Bergame
Val d'Aoste
Vérone
Venise
Novare
Milan
Po
Ferrare
Turin
Parme
Émilie-
Romagne
Bologne
Piémont
Gênes
SAINT-MARIN
Ligurie
Ancône
Pise
Florence
Livourne
Marches
Pérouse
Toscane
Ombrie
Pescara
L'Aquila
Latium
Abruzzes
Molise
Campobasso
Foggia
CITÉ DU VATICAN
Rome
Bari
Latina
Pouilles
Campanie
Naples
Potenza
Tarente
Lecce
Basilicate
Sardaigne
Calabre
Cagliari
Catanzaro
Palerme
Messine
Sicile
Catane
Agrigente
Syracuse

Introduction

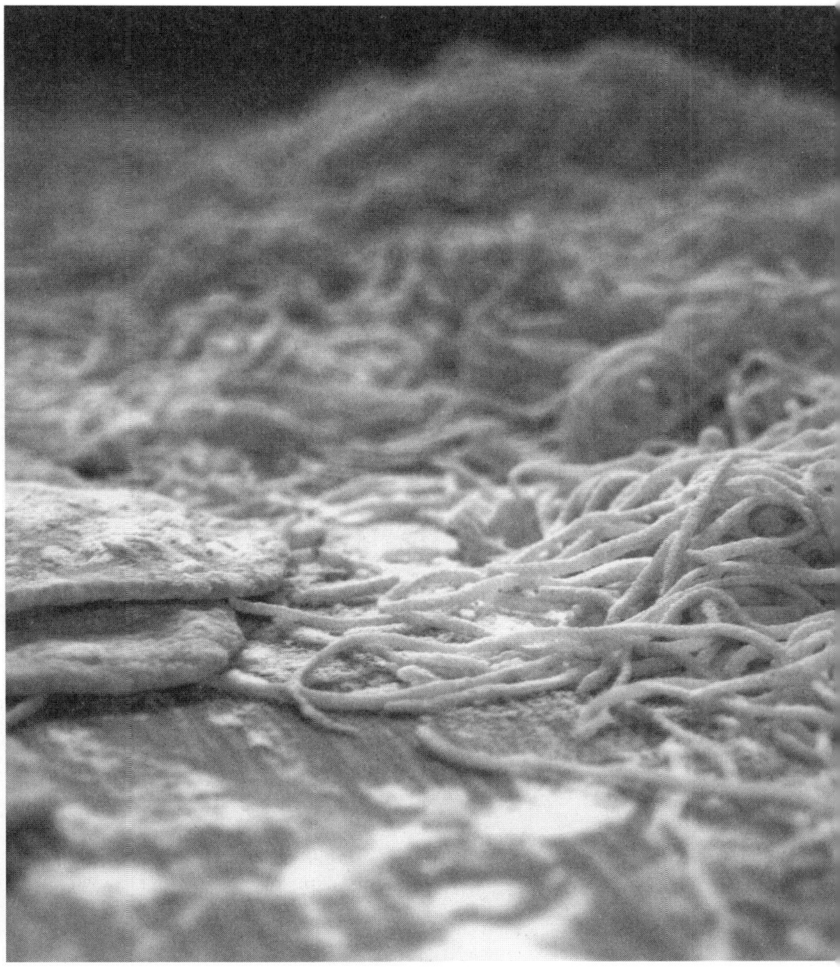

Les italiens et les pâtes

Les italiens et les pâtes ? Tout un symbole ! Pour bon nombre d'italiens, un repas sans pâtes n'est pas un vrai repas. Un italien mange environ 25 kg de pâtes par an. Les italiens du Nord consomment beaucoup de riz (risotto), tandis que ceux du Sud mangent des pâtes au minimum une fois par jour, voire deux. Les pastasciutta (pâtes avec sauce) sont servies au déjeuner, tandis que les pasta in brodo (en bouillon) et les minestra (soupes épaisses avec des pâtes) sont servies au dîner. Il n'est donc pas étonnant que les italiens du Sud dépassent la moyenne nationale annuelle des 25 kg.

Éternellement pâtes

Les pâtes italiennes ont une histoire fascinante. La fierté que portent les italiens à leur gastronomie, et en particulier aux pâtes, est une composante inhérente à l'Italie et à la nation toute entière. Des illustrations vieilles de presque 2 500 ans ont été découvertes dans une tombe étrusque. Elles représentaient une sorte de machine à pâtes primitive composée d'un outil pour étaler la pâte et d'un autre, une sorte de roue à dents, vraisemblablement utilisé pour faire des spaghetti et peut-être même une forme primitive de ravioli. Apicius, célèbre auteur romain du Ier siècle ap. J.-C., décrivait déjà une préparation similaire : une pâte qui était découpée en petits carrés, farcie, puis rôtie. Cinq siècles plus tard, les pâtes voyaient le jour en Sicile. C'est probablement sur cette île que l'on a commencé à faire bouillir la pâte dans l'eau plutôt que de la faire cuire ou rôtir. Il semblerait que le mot « maccheroni » provienne de cette île puisque « maccaruni » signifie en sicilien « façonné dans la pâte par la force ». Le Moyen-Âge nous a transmis recettes, descriptions et témoignages divers sur l'importance croissante des pâtes dans l'alimentation de base de la majeure partie du pays. À cette époque déjà, on constate des différences marquées entre les régions quant à la forme et au mode de préparation des pâtes. Au XVIIe siècle, les napolitains créent les pâtes sèches, une invention qui permet une production plus facile et plus efficace des pâtes. C'est ainsi que l'usine a pris le pas sur la planche à pain artisanale. Naples demeure le berceau de l'industrie des pâtes. Ainsi, lentement mais sûrement, cet aliment a conquis le monde entier, en partie grâce aux italiens ayant émigré aux États-Unis et en Grande-Bretagne..

D'une région à l'autre

L'Italie en tant que nation n'existait pas avant 1861, année qui a vu l'unification des nombreuses régions indépendantes et villes-état comme Venise, Gênes et Milan. C'est dans leur cuisine que l'histoire de ces régions se reflète le plus. Parler de « cuisine italienne » n'est pas tout à fait juste, chaque région ayant ses propres plats et des traditions culinaires uniques. Tel village vous affirmera qu'une sauce pour les pâtes n'est pas parfaite sans une bonne rasade de vin, tandis que tel autre vous assurera qu'une sauce ne doit pas en contenir une seule goutte. Cela peut s'expliquer aussi bien par le tempérament excessif typiquement italien que par les particularités régionales. Dans tous les cas, lorsqu'il s'agit de nourriture, la plupart des italiens s'en tiennent à la qualité et aux traditions qu'ils connaissent. Vous entendrez souvent un italien dire que personne ne cuisine aussi bien que sa propre mère

4084

ou sa grand-mère. Et cela vaut pour les pâtes comme pour le reste. Certes, les pâtes ont conquis le pays entier, en commençant par le Sud, mais en ce qui concerne la forme des pâtes et la sauce qui les accompagne, l'Italie est aussi hétérogène qu'avant sont unification en 1861.

De manière générale, dans le Sud de l'Italie, où les sauces sont préparées à base d'huile d'olive, on préfère les longues pâtes fines de qualité. Les plats y sont traditionnellement légers et simples, comme les spaghetti alla napoletana : une simple sauce tomate avec de l'huile d'olive et du basilic frais. Dans les régions du Nord, plus froides, les sauces contiennent plus de beurre et de crème. C'est la combinaison parfaite pour les variétés de pâtes fraîches aux œufs, moins longues et plus consistantes : les ravioli ou les tortellini frais accompagnés de ricotta et de sauce blanche par exemple, ou les pâtes boscaiola de la région de Milan accompagnées d'une sauce riche à la crème et aux champignons.

Des pâtes 7 jours sur 7

Les vrais amateurs de pâtes savent depuis longtemps que l'on peut en manger 365 jours par an sans avoir la même chose deux fois de suite dans son assiette. Les variétés de pâtes se déclinent par centaines : les pâtes longues (pasta lunga) comme les vermicelli et les spaghetti ; les pâtes longues et plates telles que (de la plus étroite à la plus large) les trenette, les fettuccine, les tagliatelle et les pappardelle ; les pâtes creuses comme les maccheroni ; les pâtes courtes (pasta corta) comme les penne (plumes), les fusilli (spirales) et les farfalle (papillons) ; les pâtes farcies comme les ravioli et les tortellini ; les pâtes colorées, fabriquées à base d'épinards, de tomates, de safran, de betteraves et même d'encre de seiche ; et bien sûr les pâtes à l'ail, au piment, aux truffes et même au chocolat !

Comment ça, al dente ?

Beaucoup de gens pensent qu'il est difficile de cuisiner les pâtes " à l'italienne ". Il n'en est rien ! La cuisson al dente (littéralement « sur la dent »), c'est-à-dire encore ferme à l'intérieur, est privilégiée. Ceci semble une évidence car personne ne souhaite manger des pâtes trop cuites baignant dans une sauce liquide et fade, ni avaler des pâtes farineuses et trop croquantes ! Autrefois, le temps de cuisson des pâtes était souvent trop long. Aujourd'hui, en revanche, la tendance semble s'être inversée. Le chapitre « Cuisiner et servir les pâtes » vous guidera en détail dans les étapes de la préparation de vos pâtes et vous aidera à atteindre la perfection.

Les règles d'or

- ✓ Choisissez toujours des pâtes italiennes sèches de très bonne qualité ou faites vos propres pâtes.
- ✓ Faites cuire les pâtes dans un grand volume d'eau bouillante.
- ✓ N'oubliez pas de bien saler l'eau.
- ✓ Gardez un œil sur les pâtes lorsqu'elles cuisent et goûtez-en une pour vérifier la cuisson.
- ✓ Égouttez les pâtes dès qu'elles sont prêtes, mais n'enlevez pas toute l'eau. Surtout, ne les rincez pas !
- ✓ Choisissez des ingrédients naturels et savoureux. Des tomates gorgées de soleil et une huile d'olive de qualité font toute la différence.
- ✓ Chaque variété de pâtes a son propre accompagnement. Les pâtes courtes et creuses se marient parfaitement avec les sauces épaisses avec morceaux. Plus les pâtes sont fines, plus la sauce doit être légère.
- ✓ Ne noyez pas vos pâtes dans la sauce.
- ✓ Adoptez l'adage italien : « les pâtes n'attendent pas les gourmets, ce sont les gourmets qui attendent les pâtes ». En résumé, régalez-vous dès que votre assiette est devant vous !

Pasta secca... coquilles, coudes, papillons, cheveux d'ange... quittez les sentiers battus et les pâtes « classiques » pour découvrir des variétés aux formes incroyables et inventives. Les italiens font la distinction entre deux grandes catégories de pâtes : les pâtes courtes *(pasta corta)* comme les penne, les farfalle et les fusilli, et les pâtes longues *(pasta lunga)* comme les spaghetti et les tagliatelle. Il existe aussi des pâtes farcies sous forme sèche prêtes à l'emploi, comme les tortellini et les ravioli, mais également des pâtes à farcir soi-même, comme les cannelloni, ces grandes pâtes creuses en forme de tubes, ou les conchiglie, qui ont la forme de gros coquillages.

Cette classification est une base, mais pas si simple... chacune de ces « catégories » compte en fait des centaines de variétés. Non seulement chaque région possède ses propres pâtes traditionnelles, mais les fabricants industriels en inventent sans cesse de nouvelles sortes. On raconte que de nouvelles variétés appa-

Les pâtes sèches

raissent sur le marché aussi souvent que de nouveaux mannequins sur les podiums de Milan ! Et pour rendre les choses encore plus compliquées, une même forme de pâte peut changer de nom selon la région : les tagliatelle, par exemple, s'appellent fettuccine à Rome. Alors que pour nous, les macaroni (maccheroni) sont de petites pâtes en forme de tubes, en Italie, ils sont de taille variable. Selon les régions, cette dénomination peut aussi désigner les pâtes en général.

Alors, ne désespérez pas si vous ne trouvez pas la forme de pâtes indiquée dans la recette : il existe une multitude de possibilités et les règles ne sont pas impérieuses. L'important est d'accorder au mieux la forme des pâtes avec la sauce que vous désirez cuisiner. Il faut que le mariage avec la sauce et les autres ingrédients soit réussi. Vous êtes sûr de ne pas vous tromper en associant des pâtes courtes et creuses à des sauces épaisses avec morceaux ou en servant des pâtes longues et fines avec une sauce légère et onctueuse.

Les premières machines à pâtes

La ville de Naples est le berceau de la première véritable usine de pâtes. Au début du XIXe siècle, les napolitains fabriquaient des pâtes sèches en assez grandes quantités qu'ils destinaient surtout à l'exportation. Les ouvriers pétrissaient la pâte à l'aide du même outil que les vignerons : leurs pieds. Ferdinand II, alors roi de Naples, mit fin à cette pratique lorsqu'il engagea un ingénieur pour inventer une machine qui pourrait faire la même chose. Depuis cette époque, la pâte est pétrie et coupée à l'aide d'une machine. Naples resta le centre de la production de pâtes, surtout grâce à son climat idéal pour le séchage des pâtes à l'air libre. Un climat humide aurait fait moisir la pâte et un climat trop sec l'aurait rendue rapidement friable. L'utilisation de machines permettait d'exporter de plus en plus de pâtes sèches, principalement vers l'Amérique, où des milliers d'immigrants italiens avaient la nostalgie de leur cuisine natale.

Au cours du XIXe siècle, des machines plus élaborées furent développées pour tamiser la farine, pétrir la pâte et créer les variétés de pâtes souhaitées. Cette nouvelle technologie permit de perfectionner les moules pour pâtes avec une précision inégalée, autorisant la création de tout un éventail de jolies pâtes qu'il était impossible de réaliser à la maison. Les différentes usines continuèrent à élaborer de nouvelles variétés dans l'espoir de leur faire rencontrer un grand succès. À la fin du XIXe siècle, des centaines de pâtes différentes avaient déjà été créées. Ce sont finalement les pâtes les plus « fonctionnelles » qui sont devenues les plus populaires, comme les fusilli qui, grâce à leur forme de spirales, sont parfaites pour retenir la sauce.

Des pâtes qui chantent

Faire des pâtes parfaitement al dente requiert de la patience et de l'attention. Pour les débutants, il vaut mieux goûter les pâtes de temps en temps pour surveiller leur cuisson. Mais un chef italien n'en a pas besoin, ça c'est sûr ! Son expérience lui permet littéralement d'entendre à l'eau qui bout si les pâtes sont al dente. Il dit alors que les pâtes se mettent à chanter.

Des pâtes de qualité

Vous pouvez acheter mille et une variétés de pâtes sèches à des prix qui varient énormément. S'il n'est pas nécessaire d'acheter les marques les plus chères, il existe cependant une différence : les pâtes bon marché sont souvent fabriquées à partir de farine de blé tendre ou à partir d'un mélange de farines de blé dur et de blé tendre. Ces pâtes-là sont moins fermes et deviennent rapidement molles et collantes à la cuisson. Lorsque vous achetez des pâtes, regardez bien si elles sont fabriquées à partir de farine de blé dur à 100% : *pasta di semola di grano duro* en italien. Pour les pâtes aux œufs, choisissez de la farine *grano duro e uova*. Pour les pâtes colorées, assurez-vous bien qu'aucun colorant artificiel n'ait été ajouté.

La meilleure usine de pâtes

Les meilleures pâtes sèches italiennes fabriquées en usine sont produites à l'aide de plaques en bronze au travers desquelles passe la pâte pour obtenir la forme voulue. Le bronze donne à toutes les pâtes, des spaghetti aux fusilli, un aspect plus brut que ne le ferait l'acier ou le téflon. La différence est à peine visible, mais vous constaterez que sur les pâtes fabriquées à l'aide de plaques en bronze, la sauce adhère mieux. Ceci est dû à leur texture particulière.

Pâtes industrielles

Au fil du temps, les machines à pâtes se sont incroyablement perfectionnées. Aujourd'hui, le processus entier de fabrication est automatisé, de la préparation de la pâte à l'emballage, en passant par le pétrissage, le façonnage et le séchage. Deux doseurs distincts mesurent exactement la bonne proportion farine-eau. Ce sont les deux seuls ingrédients utilisés dans la plupart des usines de pâtes, même si d'autres ingrédients entrent dans la préparation de certaines recettes comme des légumes, du safran ou de l'encre de seiche pour donner une couleur ou une saveur particulière. Les bonnes pâtes ne contiennent ni colorant ou parfum artificiel, ni aucun autre additif. Les pâtes aux œufs peuvent également être fabriquées industriellement. En général, les œufs sont incorporés à la pâte sous forme de poudre, même si des œufs frais peuvent parfois être utilisés. Ils doivent être mélangés uniformément à la farine pour que la pâte prenne une consistance homogène.

Les ingrédients sont d'abord versés dans la machine à mélanger. La pâte ainsi obtenue est ensuite pétrie pendant 10 à 20 minutes dans la pétrisseuse. Elle n'est pas abaissée au rouleau, puis découpée comme à la maison, mais passée dans une presse entraînée par une vis tournante. Les moules qui donnent leur forme aux pâtes sont peut-être les éléments les plus importants de cette machine car les pâtes doivent avoir une forme parfaite. Si elles n'ont pas toutes la même épaisseur, leur cuisson ne sera pas homogène. Ensuite, une lame tournante coupe les pâtes à la longueur désirée. Lorsqu'elles sortent de la presse, les pâtes longues tombent directement sur une barre horizontale, tandis que les pâtes courtes sont réparties sur un tapis roulant. Elles sont ensuite exposées à l'air chaud dans deux chambres de séchage différentes. Une fois sèches, elles sont pesées, emballées, puis envoyées dans les magasins.

Pasta Lunga Spaghetti Chitarra d’angelo Tagliatelle Bavette **Mafalde** Pappardelle Lasagne Maccheroni Ziti Rigatoni Mafaldine Fusilli Tortellini **Casoncelli** Tagliatelle Radiatori Rigati **Rigatoni** stortini Spaghettini **conchigliette**

Linguine **Vermicelli** Fedelini Capelli
Frappe Fettuccine Trenette
Bucatini Gnocchi Napoletani **Mezzi**
Capellini **Agnolotti** Ravioli **Panzarotti**
Tagliolini Orecchiette penette
Tortelloni ditali Gramigna
Cravattine fieno fusilli

Les pâtes longues *(pasta lunga)*

Spaghetti ronds, spaghetti chitarra carrés, tagliatelle plates, linguine ovales, bucatini creux... Les pâtes longues ne sont pas toutes les mêmes ; il en existe de toutes sortes, formes et tailles. Les plus fines, les « cheveux d'ange », ne font que 1 mm d'épaisseur et se marient très bien avec les sauces légères et les bouillons. Les pappardelle, en revanche, font plus de 2 cm de large et sont excellentes accompagnées d'un ragù (sauce avec morceaux) ou servies avec une daube de gibier, comme les pappardelle au lièvre (pappardelle alla lepre), une recette toscane très prisée. Entre ces deux extrêmes, il existe une myriade de possibilités.

Capelli d'angelo

Ces pâtes longues et fines ont joliment été baptisées *capelli d'angelo*, ou « cheveux d'ange », à cause de leur aspect fin et délicat. On les appelle aussi simplement *capellini*, ou « petits cheveux ». Leur épaisseur de 1 mm seulement en fait la variété la plus fine de toutes les pâtes longues. Elles sont généralement enroulées en forme de nids avant d'être séchées. Ainsi, ces petites pâtes fines se cassent moins facilement lorsqu'elles sont emballées, puis transportées. Les capellini se marient très bien avec les sauces légères et délicates. La plupart du temps, on les brise en petits morceaux avant de les mettre dans les soupes. Elles sont également disponibles dans le commerce sous cette forme, en pâtes courtes, comme le montre l'illustration ci-dessous..

Maccheroni, ziti et bucatini

En Italie, le mot « *maccheroni* » est souvent utilisé pour désigner les pâtes en général. Ce terme fait plus spécifiquement référence aux pâtes longues et creuses dont la taille et l'épaisseur varient. La forme creuse de ces pâtes est parfaite pour retenir la sauce. Les *bucatini* sont également longs et creux (*buco* signifie « trou » ou « creux »), mais ils sont plus fins : leur diamètre avoisine les 2,5 mm. Les bucatini sont originaires de Sicile, où ils sont servis avec une sauce aux sardines fraîches. Les *ziti* sont plus épais que les maccheroni et sont souvent cassés avant d'être plongés dans l'eau.

Mafaldine et lasagnette

Les *mafalde* et les *mafaldine* sont des pâtes longues et plates aux bords ondulés. Les mafalde font environ 10 mm de large, les mafaldine un peu moins. On les appelle aussi *tagliatelle nervate*. Leurs bords ondulés en font de jolies pâtes, mais ce n'est pas leur fonction première. Les bords sont découpés de cette manière pour permettre à la sauce d'adhérer aux pâtes. Les pâtes en forme de rubans plus larges, comme les lasagne et les pappardelle, ou les variétés plus étroites, comme les trenette et les *lasagnette*, possèdent parfois elles aussi un bord ondulé, voire deux.

Pappardelle et lasagne

Les *pappardelle* sont des longues pâtes en forme de rubans, de 2 cm de large environ et avec un ou deux bords ondulés. Elles sont très populaires en Ombrie et en Toscane. Les *lasagne* sont bien plus larges (elles sont même parfois carrées) et sont utilisées pour les recettes réalisées dans des plats, comme les célèbres *lasagne al forno* (« lasagne au four ») qui se composent d'une succession de couches de pâtes, de fromage et de sauce. Elles sont également utilisées pour préparer les cannelloni : les feuilles préalablement cuites dans l'eau sont roulées pour former des cylindres qui sont ensuite farcis de garniture. Les lasagne classiques sont en général précuites, mais ce n'est pas toujours le cas. Elles peuvent être utilisées crues si la sauce est moins épaisse que d'habitude car dans ce cas, elles absorbent l'eau durant la cuisson.

Spaghetti, chitarra et linguine

Les plus célèbres de toutes les pâtes longues sont *les spaghetti*, dont le nom signifie littéralement « petites cordes ». Ils font en général 3 cm de long, mais il existe des variétés plus longues. Leur épaisseur varie également, la moyenne étant de 2 mm. Les spaghetti extra-fins sont appelés *spaghettini* et les extra-larges, *spaghettoni*. La Basilicate est l'une des régions spécialisées dans la fabrication des traditionnels *spaghetti alla chitarra*. La pâte est passée, à l'aide d'un rouleau, dans un instrument à cordes appelé justement *chitarra* (« guitare »). Les pâtes ainsi fabriquées ne sont pas rondes, mais carrées. Les *linguine* (littéralement « petites langues ») sont quant à elles longues et ovales.

Stringozzi et stringhetti

Les *stringozzi* sont des pâtes en forme de ficelles de la région d'Ombrie. Elles sont plus épaisses et plus fermes que les spaghetti. De plus, leur diamètre est ovale et non pas rond, ce qui leur confère une texture plus caoutchouteuse. Les *stringhetti* ont été inventés plus récemment et se situent quelque part entre les stringozzi et les spaghetti.

Vermicelli et fedelini

Les *vermicelli* sont, comme les spaghetti, de longues pâtes fines et rondes. En italien, leur nom signifie « petits vers ». Dans le Sud de l'Italie, le mot « vermicelli » est un synonyme de spaghetti, même s'il désigne en général une variété plus fine. Les vermicelli sont délicieux dans les soupes, mais ils peuvent aussi être servis accompagnés de sauces légères et onctueuses (surtout à la crème), comme c'est la coutume à Naples. Ils peuvent aussi être accompagnés de sauce tomate ou de palourdes. Comme pour les spaghetti, il existe plusieurs épaisseurs de vermicelli. Les *vermicelloni* sont très épais et les *vermicellini*, très fins. Les *fedelini* sont une variété de pâtes similaires ; ils sont même parfois encore plus fins que les vermicelli.

Tagliatelle et bavette

Tagliare signifie « couper ». De nombreux chefs italiens préparent encore eux-mêmes leurs *tagliatelle* en abaissant la pâte au rouleau, puis en la découpant en rubans. *Tagliarelli* est le synonyme de tagliatelle, mais il fait plutôt référence à une variété de pâtes moins larges. Les *tagliarellini*, les *taglierini*, les *tagliatelline* et les *tagliolini* sont également des pâtes plus fines. Leur largeur et leur épaisseur varient selon le fabricant. Les tagliatelle ont en général une largeur de 8 à 10 mm et une épaisseur de 0,8 mm, tandis que les variétés moins larges ne font que 3 mm environ. Dans le Sud de l'Italie, les tagliatelle sont parfois appelées *bavette*, même s'il s'agit en fait d'une variété de pâtes plus fines

Fettuccine et trenette

Les *fettuccine*, ou *fettucce*, sont de longs rubans plats. Elles font entre 6 et 8 mm de large, juste un peu moins que les tagliatelle. Les *fettuccelle* et les *fettucce romana* désignent en général les tagliatelle classiques. Les *trenette* de Ligurie sont légèrement moins larges : elles mesurent environ 3 mm. Ces pâtes sont généralement utilisées pour préparer les trenette à la génoise *(trenette alla genovese)* accompagnées de pesto au basilic, de pommes de terre et de haricots verts.

Paglia e fieno

Le nom de ces ravissantes pâtes en forme de rubans signifie « paille et foin ». Elles peuvent avoir plusieurs tailles et les variétés que l'on trouve dans le commerce sont souvent bicolores. Si on les utilise comme des tagliatelle, elles sont souvent servies de manière à faire ressortir leurs couleurs contrastées.

Les pâtes courtes (pasta corta)

L'univers des pâtes courtes est encore plus éclectique que celui des pâtes longues. Vers la fin du XIXe siècle, les machines à pâtes étaient devenues extrêmement perfectionnées, permettant de donner à la pâte toutes sortes de formes « fantaisies », avec comme seule limite à la création l'imagination des fabricants. Aujourd'hui encore, même si les formes se déclinent par centaines, de nouvelles pâtes apparaissent régulièrement ; le plus important étant de permettre à la sauce de se loger dans les pâtes. Prenons par exemple les orecchiette : il s'agit en fait de bols miniatures conçus pour retenir la sauce. Certaines pâtes ont des formes étonnantes. On trouve toutes les formes possibles et imaginables. Il existe même des pâtes en forme de cœurs. C'est un véritable plaisir pour les yeux autant que pour les papilles !

Gnocchetti

Ces pâtes en forme de petits bols striés sont une version creuse des *gnocchi*, sorte de quenelles cuites à l'eau ou au four, faites d'un mélange de farine et de pommes de terre. Pour compliquer le tout, il existe une variété de *gnocchetti* plus gros, qui portent aussi le nom de « gnocchi », mais qui n'ont rien à voir avec les *gnocchi di patate* ou les *gnocchi alla romana*.

Gramigna

Les *gramigna* sont des nouilles creuses et courbes qui proviennent de la région d'Émilie-Romagne. Si nécessaire, elles peuvent être remplacées par d'autres pâtes courtes plus fines, comme les *pennette* ou les *sedanini*.

Rigatoni

Ces pâtes en forme de tubes ressemblent aux penne, mais elles se différencient de celles-ci par un diamètre plus grand et des extrémités coupées droites et non biseautées. *Rigatoni* signifie simplement « striés » ou « nervurés » en allusion à l'aspect rainuré de la pâte. Les *mezzi rigatoni* (« demi-rigatoni ») font la moitié d'un rigatoni classique.

Pipe

Ces petits tubes épais et courbes ressemblent un peu aux coquillettes, mais en plus gros et plus ramassés. Cette variété retient extrêmement bien tous types de sauces, même celles avec des morceaux de viande ou de légumes. Les *pipe* sont souvent striées et portent dans ce cas le nom de *pipe rigate*.

Penne

Le mot « *penne* » signifie « plumes » en italien et fait référence à l'époque où les plumes d'oies étaient utilisées pour écrire. Ces tubes coupés en biseau rappellent effectivement ces « stylos » des temps anciens. Les penne peuvent être de tailles diverses : on trouve les *pennine* (plus fines que les penne), les *mezze penne* (« demi-penne » ou penne coupées en deux) ou encore les *pennoni*, des penne plus grosses. Les *penne rigate* sont des penne avec des rainures.

Tortiglioni

Les *tortiglioni* (ou *torciglioni*) ressemblent à des penne rigate, mais ils sont un peu plus épais et leurs rainures sont en spirales au lieu d'être droites. Cuisinés de la même façon que les penne, leur saveur est comparable, en particulier lorsqu'ils sont accompagnés de sauces épaisses et généreuses.

Lumache et conchiglie

Les *lumache* et les *conchiglie*, respectivement « escargots » et « coquillages », sont deux variétés assez populaires du fait de leur forme. Toutes deux existent également dans un format plus grand et sont généralement farcies, puis cuites au four. On les appelle alors des *lumaconi* et des *conchiglioni*.

Farfalle

Farfalle signifie « papillons » ou « nœuds papillon ». Cette variété est l'une des plus populaires en Italie. Elles portent également le nom de *strichetti*. Les farfalle dont les « ailes » sont rondes s'appellent *farfalle ronde*. Elles se marient très bien avec une multitude de sauces et sont également délicieuses en salade.

Orecchiette

Ces minuscules « petites oreilles » en forme de bols proviennent de la région des Pouilles et sont parfaites pour retenir la sauce. Elles sont parfois encore faites à la main. De tout petits morceaux de pâtes sont découpés et on y forme un creux avec le pouce. Il est d'usage de les manger accompagnées d'une sauce aux brocolis et aux anchois.

Fusilli et eliche

Les *fusilli* sont des pâtes courtes en forme de spirales. Elles étaient autrefois faites à la main en enroulant une bande de pâte autour d'un bâton très fin. *Eliche* signifie « vis », un nom idéal pour ces pâtes à la forme remarquable. Il arrive souvent que les eliche soient vendues sous le nom de fusilli. Il est vrai que ces deux variétés se ressemblent. Néanmoins, en les comparant, il est facile de les distinguer, les fusilli étant plus ouverts et les eliche plus compactes.

Rotelline et ruote

Ces « petites roues de wagon » gardent leur forme et restent bien fermes pendant la cuisson, ce qui en fait des pâtes adéquates pour les sauces épaisses et généreuses. Elles sont également très bonnes en salade. On les trouve souvent en version tricolore, aux couleurs du drapeau italien : rouge, vert et blanc (à la tomate, aux épinards et nature). Les *ruote* sont des *rotelline*, mais de taille plus grande.

Lasagnette et festonelle

Le nom *lasagnette* désigne des pâtes de la taille des *lasagne*, mais moins larges et dont les bords sont souvent cannelés. On trouve également sous ce nom des pâtes encore plus fines et beaucoup plus courtes. On les appelle aussi *festonelle* ou bien, quand elles sont coupées en biais, *pantacce*.

Les pâtes farcies et à farcir

Les pâtes comme les *ravioli* et les *tortellini* peuvent s'acheter sèches et déjà farcies de différentes garnitures. Du fromage avec du bœuf, ou bien du porc mélangé avec de la chapelure et des herbes aromatiques, voilà quelques-unes garnitures les plus classiques. En Italie, ces pâtes sèches farcies sont le plus souvent préparées en soupes. Les *tortellini in brodo* sont, par exemple, un plat traditionnel de pâtes farcies en forme d'anneaux, cuites dans un bouillon clair (de bœuf généralement). Il existe aussi d'autres types de pâtes sèches que vous pouvez garnir comme bon vous semble. Pour faire des *cannelloni*, ceux vendus prêts à l'emploi sont souvent bien plus faciles à utiliser que les pâtes à lasagne qu'il faudra enrouler autour de la garniture. « *Cannelloni* » signifie « gros tuyaux » ou « gros roseaux ». En Calabre, les *cannelloni* sont farcis avec un mélange de bœuf épicé et de pecorino (une variété de fromage), mais ils sont délicieux quelle que soit la garniture. Les *conchiglioni* et les *lumaconi* sont également destinés à être farcis. Ce sont de grosses pâtes en forme de coquillages et d'escargots que l'on farcit généralement avant de faire cuire au four.

Les pâtes à potage (pastine)

Les *pastine* sont des pâtes miniatures conçues tout spécialement pour les soupes. Parmi ces pâtes, on trouve les *alfabetini* (les lettres de l'alphabet), les *risoni* (qui ont la forme d'un grain de riz), les *semi di melone* (« graines de melon »), les *stelline* (« petites étoiles »), les *farfalline* (« petits papillons » ou « petits nœuds papillon ») ou les *conchigliette* (« petits coquillages »). Toutes ces variétés sont délicieuses dans les bouillons (*in brodo*), mais également dans les soupes à base de légumes comme le *minestrone*. Ci-dessous, de gauche à droite : des *saporini sardi*, des *gnocchetti sardi* et des *tubettini*.

Jeux de couleurs

Une belle palette de couleurs égale de nombreuses variétés de pâtes. Les pâtes vertes sont colorées par les épinards. Pour obtenir la teinte atypique des pâtes noires (nero), c'est de l'encre de seiche qui est utilisée. Les pâtes dites « tricolores » sont généralement constituées d'un mélange de pâtes nature, de pâtes vertes aux épinards et de pâtes rouge orangé à la tomate. Le jus de betterave leur donne quant à lui une couleur magenta foncé. Le paprika, le potiron, le safran, le maïs, l'ortie, le poivre rouge, le poivre noir, ... peuvent être utilisés pour donner de la couleur ou une saveur spéciale aux pâtes. La liste est longue. Les pâtes au blé complet (*integrali*) sont un peu plus foncées que les variétés classiques. En les regardant de plus près, vous pourrez même apercevoir les fibres et les sentir en les mâchant ; en effet, leur texture est bien plus râpeuse que celle des pâtes blanches.

La sauce tomate

Sugo di pomodoro (pour 4 personnes)

400 g de tomates (fraîches ou tomates italiennes pelées en boîte)
1 carotte finement coupée
1 oignon émincé
1 branche de céleri finement coupée
2 gousses d'ail hachées
1 piment rouge épépiné et émincé
2 cuill. à soupe d'huile d'olive
2 cuill. à soupe d'herbes aromatiques fraîches
(basilic, persil, origan, thym)
sel, poivre

1 Pelez et coupez grossièrement les tomates fraîches. Si vous utilisez des tomates en boîte, coupez-les en gros morceaux et égouttez-les.
2 Faites chauffer l'huile d'olive dans une poêle. Faites-y revenir la carotte, l'oignon et le céleri jusqu'à ce que l'oignon devienne translucide. Ajoutez ensuite l'ail et le piment.
3 Incorporez les morceaux de tomates et les herbes aromatiques
4 Salez et poivrez à votre convenance, puis faites mijoter la préparation. Remuez de temps en temps, jusqu'à obtention d'une sauce épaisse. Pour que votre *sugo* soit plus onctueux, passez-le au tamis.

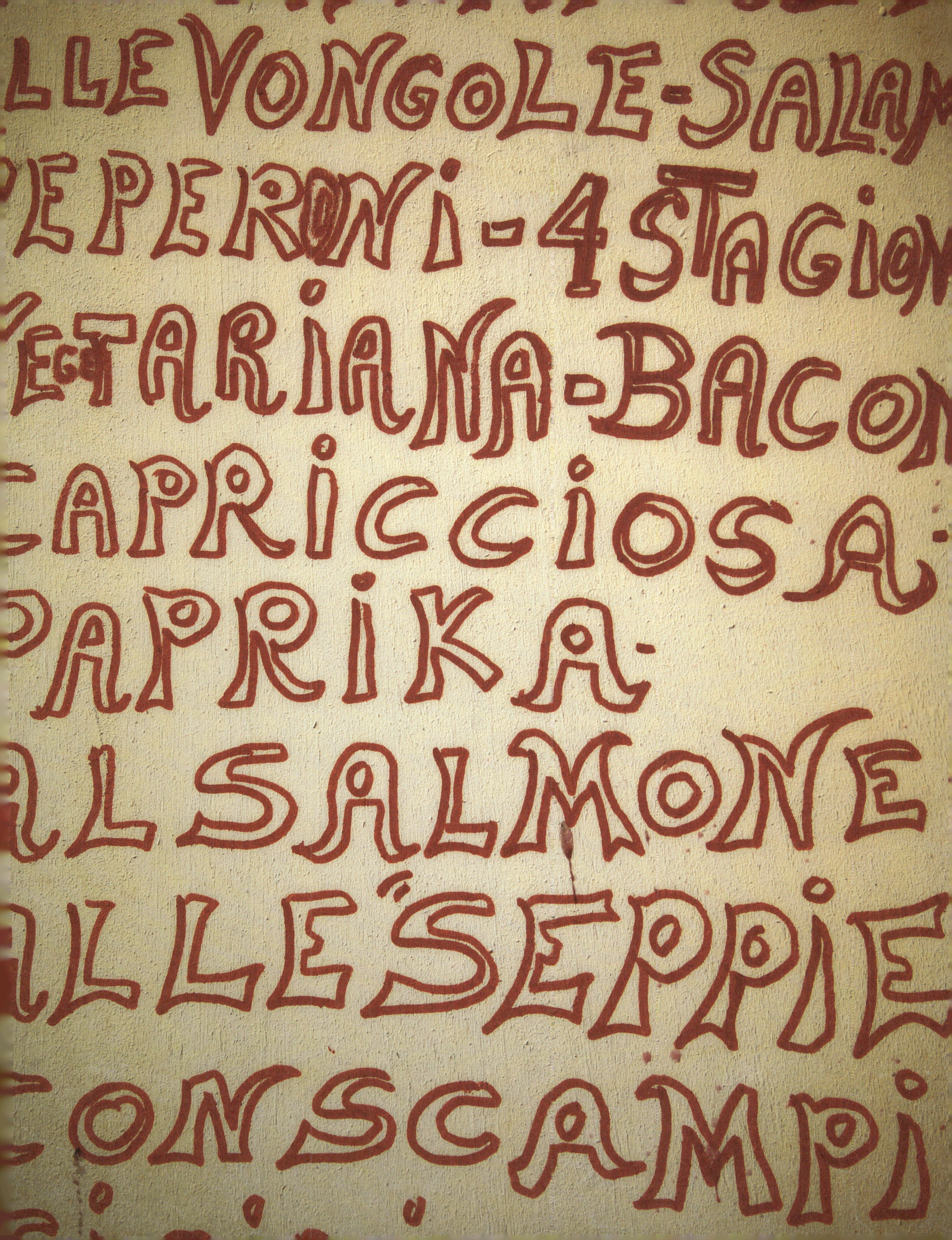
LLE VONGOLE-SALA
PEPERONI-4 STAGIO
TARIANA-BACON
APRICCIOSA-
APRIKA-
LLSALMONE
LLE SEPPIE
ONSCAMPI

Quel plaisir de déguster des bonnes pâtes fraîches faites maison. Ces rubans soyeux qui absorbent tous les arômes de la sauce pour se les approprier d'une façon si simple, mais tellement symbolique...

Qui allez-vous gâter en premier ? Votre famille, vos meilleurs amis ? Ou allez-vous les déguster seul ? Les italiens du Nord et du Centre préfèrent généralement faire leurs pâtes eux-mêmes. Celles fabriquées dans ces

Les pâtes fraîches

régions sont riches et savoureuses car, le plus souvent, elles sont aux œufs.
Ainsi, elles se marient à merveille avec les sauces traditionnelles du Nord, à la crème (*panna*) ou au beurre.
Les pâtes fraîches et bien tendres absorbent une partie du beurre et retiennent la sauce, qui leur offre ainsi un délicieux enrobage.
Faire soi-même ses pâtes est bien plus simple que vous ne l'imaginez, surtout si vous disposez d'une machine à pâtes, qui est un appareil très simple d'utilisation.
Et si vous congelez des boules de pâte faite maison, vous aurez toujours de quoi préparer de délicieuses pâtes fraîches.
Si vous avez déjà eu des expériences malheureuses par le passé, elles ne seront plus qu'un mauvais souvenir grâce aux astuces et aux explications « pas-à-pas » de ce chapitre.

La base

Certains pensent que la réalisation des pâtes maison est une tâche extrêmement difficile, où le cuisinier se bat avec sa pâte et termine couvert de farine. Les personnes qui affirment cela n'ont certainement pas utilisé le bon type de farine... Heureusement, il est de plus en plus facile de trouver de la bonne semoule de blé pour faire les pâtes.

Le type de blé

Le blé utilisé doit absolument contenir une quantité de gluten suffisante. C'est primordial pour que la pâte soit ferme, tout en conservant son élasticité. Elle peut ainsi être roulée plus facilement, sans se déchirer. Le blé dur (*grano duro*) est celui qui contient le plus de gluten et c'est donc le plus recommandé. Cette variété a une amande dure et compacte, d'où son nom de blé dur.

Pour faire des pâtes fraîches aux œufs, vous pouvez également utiliser de la farine italienne *farina di grano tenero*. Le *grano tenero* est une variété tendre de blé contenant peu de gluten qui rend les pâtes tendres. Méfiez-vous cependant, car si grano tenero signifie littéralement « blé tendre », ce type de blé est bien plus dur et plus riche en gluten que le blé tendre du reste de l'Europe avec lequel notre farine à pâtisserie habituelle est fabriquée. Ne confondez surtout pas ces deux farines car celle que l'on utilise pour les pâtisseries ne convient absolument pas à la fabrication des pâtes. La farine blanche est un peu plus dure et peut-être utilisée en association avec de la semoule de blé dur. Les pâtes sont rarement fabriquées avec d'autres types de blés, sauf dans le cas des pâtes au sarrasin originaires des Alpes italiennes.

La farine de type 00

Ces mêmes blés donnent plusieurs types de farines. La variété appelée « tipo 00 » (prononcer « tipo dopio dzero ») est une farine de grande qualité. C'est la mieux adaptée pour les pâtes. Cette appellation fait seulement référence à la mouture du blé et n'indique pas forcément que la farine convienne pour confectionner des pâtes. En effet, il existe également une farine de type 00 utilisée pour faire du pain.

Les œufs

Les pâtes fraîches peuvent être confectionnées avec de l'eau, mais la plupart des fabricants de pâtes préfèrent utiliser des œufs. Deux jaunes d'œufs peuvent remplacer un œuf entier. Cela donnera plus de saveur à la pâte et elle prendra une couleur jaune plus prononcée.

Pas-à-pas

Recette de base de la pâte à pâtes (pour 4 personnes) :

300 g de farine italienne (de type 00)

3 œufs (ou 150 ml d'eau)

½ cuill. à café de sel

Sur une surface sèche et propre, versez la farine en tas. Creusez un puits au milieu ajoutez le sel, puis cassez-y soit les œufs, soit l'eau. À l'aide d'une fourchette, mélangez délicatement du centre vers l'extérieur jusqu'à ce que la farine soit bien mêlée aux œufs ou à l'eau. Pétrissez bien la pâte à la main pendant 10 à 15 minutes. Cette étape est nécessaire pour activer le gluten. 1

Si la pâte est trop humide, ajoutez un peu de farine. Si elle est trop sèche, ajoutez un peu d'eau. Vous pouvez déterminer si la pâte est suffisamment pétrie grâce à sa consistance : elle doit avoir une texture élastique, souple et douce. Enveloppez la pâte dans un film alimentaire et laissez-la reposer pendant au moins une demi-heure dans un endroit frais. Si cette étape est négligée, la pâte peut devenir trop élastique et difficile à travailler. 2

Divisez la pâte en plus petites portions si nécessaire. Prévoyez environ 75 g par personne. Le reste de pâte peut être enveloppé dans un film alimentaire et congelé pour une utilisation ultérieure. Elle peut être conservée ainsi pendant plusieurs mois. Abaissez la pâte jusqu'à ce qu'elle fasse moins de 1 cm d'épaisseur. 3

Elle peut maintenant être passée dans la machine à pâtes. Au début, réglez la machine sur l'épaisseur maximale et repliez la pâte à chaque fois avant de la repasser dans la machine. Doucement mais sûrement, elle va ainsi prendre une consistance plus douce et plus velouteuse. Une fois la bonne épaisseur obtenue, vous pouvez découper la pâte pour confectionner tous types de pâtes. Commencez par les ravioli ou les tagliatelle pour vous entraîner. 4

Préparer les ravioli

Les ravioli maison sont toujours très appétissants et ne sont pas difficiles à préparer, même si les faire soi-même demande tout de même du temps. Ils peuvent être ronds, ovales ou, plus communément, carrés. Une fois que vous aurez pris le coup de main, vous vous retrouverez sans vous en rendre compte avec suffisamment de ravioli pour nourrir toute votre famille.

1 À l'aide d'un rouleau à pâtisserie ou d'une machine à pâtes, abaissez délicatement la pâte jusqu'à ce qu'elle soit bien fine. Si nécessaire, découpez les bords pour obtenir un rectangle bien net. Imaginez une ligne au milieu de la pâte et placez des petits tas de garniture espacés sur un côté seulement de cette ligne. À l'aide d'un pinceau, humidifiez légèrement la partie autour de la garniture.

2 Repliez délicatement la pâte pour recouvrir les petits tas de garniture, en prenant soin de ne pas les écraser. Pressez les bords de la pâte pour les coller en positionnant la garniture bien au centre. Prenez garde à ne pas appuyer trop fort afin que l'air puisse s'échapper.

3 Avec vos doigts, appuyez délicatement sur le pourtour de la garniture pour bien refermer les ravioli. Assurez-vous que vous avez retiré le plus d'air possible, sinon les ravioli éclateront en cours de cuisson. Ils doivent être également bien refermés pour éviter que l'eau ne pénètre à l'intérieur et ne dilue la garniture.

4 Les ravioli sont désormais prêts, il est temps de les découper. La roulette spécialement conçue pour donner aux ravioli de jolis bords cannelés n'est pas indispensable. Vous pouvez également dessiner les bords à l'aide d'une fourchette ou les découper très simplement. Conservez-les entre deux linges préalablement farinés.

Préparer les tortellini

La légende raconte que les tortellini, ces savoureuses petites pâtes farcies en forme d'anneaux, ont été créés à l'image du nombril de Vénus. Le mot « tortellini » signifie littéralement « tartelettes », ce qui les rend d'autant plus appétissants !

Abaissez la pâte à l'aide d'un rouleau à pâtisserie ou d'une machine à pâtes. Découpez des petits ronds en utilisant un emporte-pièce de forme circulaire. **1**

Sur chaque rond de pâte, déposez un petit tas de garniture et humidifiez légèrement les bords avec un pinceau. **2**

Pliez chaque rond de pâte en deux pour obtenir des demi-lunes farcies, puis repliez légèrement les bords vers l'intérieur. **3**

Rapprochez ensuite les extrémités et pressez-les fortement pour les coller. **4**

Couper les tagliatelle à la main

Il est possible de faire ses tagliatelle avec une machine à pâtes, mais ce n'est pas beaucoup plus compliqué de les découper à la main. Du reste, le mot « tagliatelle » vient du verbe « tagliare » qui signifie « découper ». Le choix de l'épaisseur des pâtes dépendra de la sauce qui les accompagnera, ainsi que de votre préférence personnelle. N'oubliez pas cependant que si leur largeur dépasse les 2 cm, ce ne sont plus des tagliatelle, mais des pappardelle.

1 Abaissez la pâte sur une surface lisse et saupoudrez-la d'un peu de farine pour éviter qu'elle ne colle par la suite. Si nécessaire, découpez les bords pour obtenir un rectangle bien net.

2 Enroulez ensuite la pâte sur elle-même. En Italie, tous les cuisiniers ne le font pas de la même façon. Certains plient d'abord la pâte en deux, voire en quatre, et d'autres la roulent directement, sans la plier, pour pouvoir ensuite dérouler les bandes de pâtes d'un seul geste, comme des serpentins. En réalité, la façon de rouler la pâte importe peu.

3 À l'aide d'un couteau bien aiguisé, découpez la pâte en bandes, de façon à obtenir des petits rouleaux. La lame du couteau doit être bien tranchante pour ne pas avoir à presser trop fort et ainsi risquer que la pâte ne se ressoude. Le couteau doit pénétrer dans la pâte sans difficulté. Avant d'enrouler sur elle-même une autre abaisse de pâte, attendez d'avoir tranché entièrement la première, pour éviter une fois encore que les bords ne se collent les uns aux autres. Plus vous laissez la pâte enroulée longtemps, plus vous risquez qu'elle se ressoude.

4 Déroulez les bandes de pâtes et faites sécher vos tagliatelle en les suspendant sur une barre horizontale ou en les étalant entre deux linges que vous aurez farinés au préalable.

Les épiceries italiennes proposent généralement des pâtes fraîches réfrigérées : tagliatelle, fettuccine, pappardelle ou encore pâtes farcies de type ravioli ou tortellini. Dans les magasins de grande distribution, vous trouvez des pâtes « fraîches » sous vide. Si vous êtes pressé, ces pâtes fraîches aux œufs offrent un bon compromis aux pâtes sèches. Vérifiez quand même qu'il n'y ait ni colorants ni arômes artificiels, surtout dans les pâtes farcies. Les pâtes fraîches de qualité ne doivent présenter aucun additif.

En Italie, il existe deux types de pâtes fraîches. Dans le Sud, on trouve la *pasta fresca di grano duro* (au blé dur et à l'eau), tandis que dans le Nord, c'est la *pasta fresca all'uovo* (aux œufs et à la farine de grano tenero, plus tendre) qui est la plus typique.

La Tana del
Grillo Parlante

Les gnocchi

En Italie, les gnocchi (prononcer « nyoqui ») sont presque toujours faits maison. Ils sont excellents avec du beurre et de la sauge, arrosés d'un peu d'huile d'olive et recouverts de parmesan râpé, de gorgonzola doux, d'une sauce tomate fraîche, ou bien d'un généreux ragoût de viande. Grâce à leur surface plissée et leur texture tendre, les gnocchi absorbent extrêmement bien les saveurs.

Étouffe-prêtres

Dans certaines régions italiennes, les gnocchi sont appelés *strangolapreti* ou *strozzapreti*, ce qui signifie « étrangleur de prêtres » ou « étouffe-prêtres ». Selon la légende, un prêtre se serait vraiment étouffé avec un gnocchi !

Pâtes or not pâtes ?

Le mot « gnocchi » signifie « grumeaux » ou « morceaux ». Les italiens appellent gnocchi tous les aliments de ce type. Chaque région a sa propre vision de ce que sont les véritables gnocchi. Cela a conduit à des incertitudes quant à leur préparation. La version la plus connue s'appelle *gnocchi di patate*. Ils sont confectionnés à partir de purée de pommes de terre mélangée à de la farine. La pâte ainsi obtenue est ensuite pétrie et découpée en petites boules ovales. Techniquement, ce ne sont donc pas vraiment des pâtes puisque l'ingrédient principal est la pomme de terre. Les tout premiers gnocchi étaient faits, quant à eux, à partir d'un mélange de farine et d'œufs. Dans cette pâte, on découpait de petits morceaux qui étaient ensuite cuits à l'eau ou au four. Les *gnocchi alla romana* sont toujours préparés de cette façon. C'est au XVIIIe siècle, dans le Nord de l'Italie, qu'est née l'idée d'ajouter de la pomme de terre à cette recette, diminuant ainsi les coûts de production. La texture de la pomme de terre a permis de rendre les gnocchi plus légers et plus aérés qu'auparavant. Depuis lors, cette version connaît à travers toute l'Italie un franc succès, quoiqu'involontaire à l'origine.

Complications linguistiques

Vous vous rendrez sûrement compte qu'une même variété de gnocchi aura plusieurs noms différents selon les régions, ou encore qu'un même nom regroupera différents types de gnocchi. Pas étonnant que cela nous semble confus, les italiens eux-mêmes n'arrivent pas à s'y retrouver ! À Gênes, les gnocchi sont des *trofie*. Là-bas, on les mange accompagnés d'un pesto local de renommée internationale. À Florence, les gnocchi sont connus sous le nom de *topini*. Cela signifie « souris » en italien. Or, un jour, un américain, qui n'en savait rien, a provoqué un scandale dans un restaurant du Sud de l'Italie, en affirmant haut et fort qu'il y avait des topini partout ! Dans certaines régions, les gnocchi sont à la ricotta et aux épinards. En Lombardie, ce sont des *malfatti* et en Toscane, pour ne rien arranger à l'affaire, on les appelle *ravioli*, ou encore *gnocchi del casentino*. Dans les *gnocchi di zucca*, la pomme de terre est remplacée par de la citrouille. Quant aux *cicione* ou *malloreddu*, ce sont des petits gnocchi de Sicile, confectionnés avec de la farine colorée au safran, que l'on mange accompagnés d'une sauce tomate au saucisson à l'ail. Enfin, le mot « trentino » est utilisé pour parler de tous les gnocchi colorés comme les strozzapretis aux épinards ou à la betterave rouge, qui se mangent accompagnés d'une sauce au beurre et aux graines de pavot, ou bien simplement avec du gorgonzola.

Les gnocchi en fête

À Vérone, il existe une fête traditionnelle appelée *Il Baccanale Del Gnocco*. Les d'habitants, parés de costumes dignes d'un carnaval, forment un cortège enjoué conduit par le « Père des Gnocchi » *(Papà del Gnocco)* et le « Duc de la Marmite » *(Duca della Pignata)*. Cette fête a lieu juste avant la période du Carême et Pâques. À cette occasion, ces joyeux drilles dégustent un dernier plat de... Vous aurez sûrement deviné de quoi !

C'est en 1577, à Gênes,
qu'il a été officiellement décidé
d'utiliser de la farine de blé dur
pour confectionner les pâtes.
La confrérie génoise des
fabricants de pâtes est à
l'origine de cette règle,
ainsi que de beaucoup d'autres,
qu'ils ont regroupées
dans « Regolazione dell' Arte
dei Maestri Fidelari »
(Directives de la confrérie
des fabricants de pâtes).

MAMA
MIA

Cuisiner et servir les pâtes

Pour les italiens, les pâtes sont comme un être cher. Ils en parlent avec beaucoup d'amour. Selon eux, la plus grande qualité des pâtes, c'est d'être reconnaissantes. Il suffit de leur accorder un peu d'attention et elles feront tout ce que vous voulez. Impossible alors de rater votre plat. L'essentiel est de cuire les pâtes à la perfection, jusqu'à ce qu'elles soient al dente, juste tendres. Il est vrai que c'est un concept assez subjectif car certains préfèrent leurs pâtes plus fermes que d'autres (et cela vaut aussi pour les italiens pure souche !). Une fois encore, cette règle diffère selon les régions. Par exemple, dans le Sud, on les préfère plus fermes que dans le Nord de l'Italie. Pour qu'elles ne soient pas trop cuites, il est conseillé de surveiller la casserole pendant la cuisson. Dès qu'elles sont prêtes, vous devez immédiatement leur porter toute votre attention. En effet, c'est à ce moment là que la saveur des pâtes est la plus intense.

Prêt ? Partez !

Vérifiez que la sauce est prête,
que le couvert est mis
et que tout le monde est à table

Faites bouillir l'eau

Faites bouillir 1 l d'eau
pour 100 g de pâtes
et salez abondamment

Faites cuire les pâtes

Faites cuire les pâtes à petits
bouillons et sans couvercle, en
mélangeant de temps en temps

Goûtez

Goûtez pour vérifier la cuisson
(qui doit être al dente)

Égouttez

Égouttez immédiatement les pâtes
et mélangez-les à la sauce

Servez

Servez et n'attendez pas
1 minute de plus !

Parfaitement al dente

Bien souvent, on se complique la tâche quand il s'agit de cuire des pâtes. Pour que vos pâtes soient toujours parfaites, suivez ce guide pratique.

En Italie, quand la personne aux fourneaux annonce « Je fais cuire les pâtes », comprenez « Préparez-vous à passer à table ». Quand vous commencez à cuisiner, **tout doit être prêt** : la table doit être mise, votre famille et vos amis affamés doivent être à table, les assiettes doivent être chaudes, la passoire doit se trouver dans l'évier et la sauce doit être en train d'attendre patiemment qu'on y plonge une cuillère pour la servir.

Dans un grand récipient, portez à ébullition une **grande quantité d'eau** (1 l pour 100 g de pâtes). Les pâtes vont gonfler dans l'eau. Elles ont donc besoin d'espace pour ne pas s'agglutiner. Assurez-vous également que la température de l'eau ne chute pas trop lorsque vous y plongez les pâtes, car cela peut les faire se coller les unes aux autres. Tant que l'eau ne bout pas, ne la salez pas, sinon le sel va tomber au fond du récipient et provoquer une réaction chimique avec le métal. Contrairement à une idée reçue, il est inutile d'ajouter de l'huile dans l'eau pour éviter que les pâtes ne collent, car l'huile reste à la surface.

Versez toutes les pâtes au même moment pour garantir une cuisson homogène. S'il s'agit de pâtes longues, mettez-les à la verticale dans le récipient et laissez-les ramollir un peu avant de les immerger complètement. Mélangez, puis couvrez le récipient pour que l'ébullition reprenne le plus rapidement possible. Si vous craignez un débordement, ne couvrez pas complètement afin de laisser s'échapper une partie de la vapeur. À la reprise de l'ébullition, enlevez le couvercle. Réduisez le feu tout en vous assurant que l'eau continue de bouillir. Remuez les pâtes de temps en temps. Le temps de cuisson n'est pas très long. Soyez vigilant car 30 secondes de trop peuvent être catastrophiques autant pour le goût que pour la texture. **Surveillez donc bien la cuisson !**

On ne le répètera jamais assez : les pâtes doivent être al dente, c'est-à-dire tendres et fermes à la fois. Des pâtes fraîches de bonne qualité n'ont parfois besoin que de 30 secondes pour être al dente. À l'inverse, les pâtes sèches et épaisses prennent plus de temps, parfois jusqu'à 15 minutes. Lisez bien les instructions sur le paquet mais, avant tout, **goûtez-les**.

Lorsque vos pâtes sont prêtes, **égouttez-les immédiatement**. Réservez un fond d'eau de cuisson et ajoutez-le par petites quantités si les pâtes collent. En Italie, on l'ajoute à la sauce pour l'allonger si elle est trop épaisse. Secouez bien la passoire d'avant en arrière pour que les pâtes, et en particulier les pâtes creuses, soient bien égouttées. Versez-les directement dans la sauce ou, selon la recette, versez la sauce sur les pâtes.

En Italie, il y a deux façons de servir les pâtes correctement : soit dans un grand plat bien chaud que l'on fait passer entre les convives, soit dans des assiettes creuses individuelles très chaudes. Dans les deux cas, c'est généralement à ce moment que plus personne ne parle. Oubliez donc vos bonnes manières et jetez-vous sur votre assiette, car c'est à cet instant que les pâtes sont **les plus savoureuses !**

Quelle quantité par personne ?

La quantité de pâtes recommandée par personne peut varier énormément. En effet, certaines recettes sont faites pour être servies en *primo piatto* (en entrée), tandis que d'autres sont des plats principaux. Cela varie également beaucoup selon que les pâtes sont fraîches ou sèches, ces dernières ayant tendance à gonfler lors de la cuisson. Il faut aussi prendre en compte la sauce. Si elle est riche et crémeuse, vous serez plus rapidement rassasié que si elle est à l'huile d'olive et aux légumes. Dans tous les cas, comptez 50 à 75 g par personne pour une entrée et 100 à 125 g s'il s'agit du plat principal.

Guide du « savoir-manger » des spaghetti

Les spaghetti, et même les pâtes en général, se mangent à la fourchette. Il n'est pas nécessaire d'avoir un couteau. Si vous tentez de couper vos pâtes, toutes les têtes se tourneront vers vous ! En effet, les italiens prennent très au sérieux les associations entre les pâtes et la sauce. Donc, si l'on vous sert une variété de pâtes longues, c'est qu'il s'agit de la variété adéquate pour la sauce commandée. Sinon on vous aurait servi des pâtes courtes. Les efforts fournis pour que vos pâtes aillent parfaitement avec votre sauce seront anéantis si vous les coupez en petits morceaux dès que vous êtes servi. Du reste, ce serait un manque de respect de votre part. Avec votre fourchette, séparez simplement quelques spaghetti des autres et enroulez-les autour des dents de votre fourchette. Réussir à enrouler la bonne quantité de pâtes demande un peu d'entraînement, mais en persévérant, vous y arriverez.

Parfaites alliances

Savoir associer les pâtes avec les sauces, et inversement, peut sembler un peu complexe, mais lorsque l'on y parvient, cela fait toute la différence. Ces associations sont généralement très logiques. Les pâtes doivent pouvoir bien retenir la sauce sans que celle-ci ne gâche le goût des pâtes et réciproquement. Habituellement, on associe donc les pâtes fines aux sauces légères et raffinées, et les pâtes épaisses aux sauces plus denses, avec des morceaux. Vous pouvez essayer si vous le souhaitez et vous verrez qu'une sauce épaisse avec de gros morceaux de viande ne s'accroche pas bien aux pâtes fines. La sauce glisse et elle subsistera au fond de votre assiette à la fin du repas. Voilà pourquoi les *spaghetti alla bolognese* ne sont pas une très bonne association. Avec une sauce à la viande de type bolognaise, les italiens mangent des tagliatelle, des pappardelle ou bien des pâtes courtes et creuses. Les spaghetti, ou autres pâtes fines, s'accordent mieux avec des sauces plus fluides à base d'huile d'olive ou de tomates, très répandues dans le Sud. Les sauces du Nord de l'Italie sont bien souvent plus riches et contiennent fromage, crème et beurre en abondance. Les pâtes fraîches aux œufs, de texture plus soyeuse, vont parfaitement avec ce genre de sauces, qu'elles retiennent à merveille. Parmi les sauces classiques, certaines ont depuis longtemps trouvé leurs « pâtes sœurs », donnant des plats comme les *fettuccine all'Alfredo*, les *trenette alla genovese* ou les *pappardelle alla lepre*. Ces associations déjà parfaites ne nécessitent aucune amélioration.

L'assiette

Il ne fait aucun doute que, pour servir des pâtes, rien ne vaut une assiette creuse préalablement chauffée. Sa forme concave permet de conserver la chaleur. Il est également bien plus simple et plus rapide de manger dans ce genre d'assiette. Cela évite aussi d'en mettre partout et d'éclabousser vos invités de sauce !

Le fromage

Il est d'usage de mettre à disposition sur la table du fromage râpé, généralement du parmesan, pour en saupoudrer les pâtes. Certains plats ne seraient pas tout à fait les mêmes sans fromage, par exemple les *tagliatelle alla bolognese*, les *fettuccine all'Alfredo* ou les *penne alla carbonara*. En revanche, pour les plats de pâtes contenant déjà des champignons, des fruits de mer ou du poisson, il n'est pas nécessaire d'ajouter du fromage. Dans tous les cas, utilisez toujours du fromage fraîchement râpé, et surtout pas le fromage râpé prêt à l'emploi vendu dans le commerce, dont le goût n'a rien à voir avec celui du véritable parmesan.

Il primo...ou pas

En Italie, les pâtes ne sont pas considérées comme un repas en soi, mais plutôt comme une entrée (*il primo*). Dans le reste du monde, on sert généralement les pâtes en plat principal ou bien comme accompagnement du plat principal. Un plat de pâtes et une sauce toute simple font un excellent repas, rapide et diététique. Il peut être accompagné de salade verte. Et quoi de plus savoureux qu'une copieuse portion de pâtes bien assaisonnées pour accompagner une belle tranche de viande grillée ou un bon poisson ? De plus, une simple soupe peut suffire pour faire un repas complet. Cela ne va aucunement à l'encontre de la tradition italienne, bien au contraire. Un bon minestrone de légumes aux pâtes vous fera un dîner complet. Que vous suiviez les « règles » ou non, vous n'avez que l'embarras du choix pour inventer vos menus.

Vous rencontrerez plus facilement les véritables cuisiniers italiens, qui font leurs pâtes fraîches chaque jour, dans les villages plutôt que dans les grandes villes. On les trouve surtout dans les campagnes. À les voir, il n'y a rien de plus simple au monde. Ils sont, en tout cas, la preuve qu'il n'y a pas besoin de grand chose pour faire des pâtes parfaites. Ils étalent de la farine sur un grand plan de travail, y cassent les œufs,

Les ustensiles

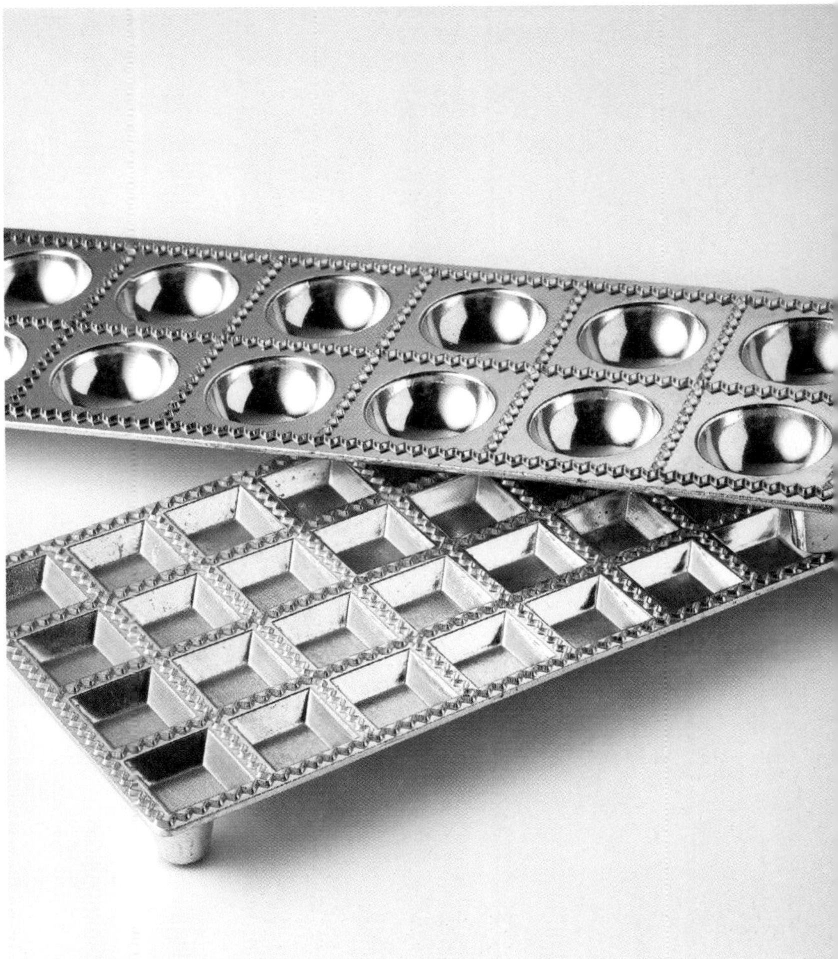

puis pétrissent la pâte. Ils l'abaissent ensuite à l'aide d'un long rouleau à pâtisserie en bois. Il ne reste plus qu'à leur donner leur forme. Abaissez la pâte, puis découpez-la en bandes, vous obtiendrez des tagliatelle ou des pappardelle. Découpez-la en tout petits morceaux et formez-y un creux avec votre pouce, vous obtiendrez des orecchiette. Découpez des petits rectangles dont vous pincerez le milieu, ce seront des farfalle.

Il faut sans doute toute une vie d'entraînement pour y arriver avec autant de facilité et obtenir un résultat parfait. Mais pour les débutants, une machine à pâtes toute simple, qui abaisse la pâte de façon uniforme et la découpe, peut être un bon investissement. Il existe également d'autres ustensiles qui facilitent la fabrication, la cuisson et la consommation des pâtes, rendant même le tout divertissant.

L'emporte-pièce à ravioli

Pour obtenir de belles formes régulières, vous pouvez utiliser des emporte-pièces à ravioli, qui ressemblent à ceux utilisés pour les gâteaux, mais avec un petit manche. Ils existent en plusieurs tailles, de forme ronde ou carrée.

Le doseur à spaghetti

Il s'agit d'une plaque dans laquelle sont découpés plusieurs trous de tailles différentes. Chaque trou vous donne la quantité nécessaire de pâtes en fonction du nombre de personnes.

Les rouleaux à pâtisserie

Le rouleau à pâtisserie est l'outil indispensable pour faire des pâtes fraîches. Les italiens utilisent un rouleau long et fin qui peut mesurer jusqu'à 80 cm de long et 5 cm de diamètre. Certains rouleaux sont plus larges au centre qu'aux extrémités.

La machine à pâtes

Tous les magasins de spécialités culinaires ont au moins une de ces machines à pâtes mécaniques en stock. Les plus simples sont abordables et quasiment indispensables si vous souhaitez réaliser plusieurs sortes de pâtes fraîches. Leur forme est exactement la même depuis des décennies : des rouleaux adaptables sont placés sur un côté de la machine, ce qui vous permet d'étaler la pâte jusqu'à obtention d'une grande pâte bien fine. Les plaques à découper sont placées de l'autre côté. Elles permettent de couper la pâte en rubans de tailles variées, généralement pour fabriquer des tagliatelle et des tagliarine (qui sont des tagliatelle moins larges). La manivelle est équipée d'autres rouleaux découpeurs que vous pouvez utiliser pour faire des pappardelle ou des ravioli, entre autres.

La machine combinée

Il existe également des machines à pâtes électriques semi-professionnelles. Au lieu de simplement étaler la pâte, elles la façonnent également en différentes formes de pâtes. Cela vous permet de réaliser à la maison des variétés plus compliquées, comme les spaghetti, les macaroni, les penne rigate et les fusilli. Certaines de ces machines mélangent et pétrissent même la pâte pour vous. In ne vous reste qu'à ajouter les ingrédients et à préparer une sauce.

Le séchoir

Un séchoir spécial peut s'avérer utile si vous souhaitez faire sécher vos pâtes maison. De manière artisanale, vous pouvez utiliser un manche à balai posé entre deux chaises, mais un séchoir sera plus efficace et prendra moins de place.

La roulette à pâte

Les roulettes à pâtes sont conçues pour découper les lasagne ou les tagliatelle. Certaines roulettes donnent aux pâtes des bords ondulés ou dentelés. Vous pouvez aussi en utiliser une pour découper les ravioli.

Les plaques à ravioli

Ces plaques sont disponibles sous différentes formes. Déposez la pâte sur la plaque, placez la garniture dans les creux, puis recouvrez d'une deuxième couche de pâte. Il suffit ensuite de passer un rouleau à pâtisserie par-dessus et les bords saillants de la plaque se chargeront de découper les ravioli. Vous obtiendrez ainsi de jolis ravioli de taille égale. Assurez-vous de bien garnir vos ravioli sans laisser entrer d'air à l'intérieur (une plaque rectangulaire avec des trous ronds sera à cet égard bien plus pratique qu'une plaque avec des trous triangulaires, par exemple). Les bords doivent être saillants et coupants pour pouvoir faire une découpe bien nette. Assurez-vous que la pâte ne colle pas à la plaque, afin de ne pas passer encore plus de temps à les décoller !

Le nombril de Vénus

Il existe une légende ancienne racontant la création des tortellini, ces petites pâtes délicatement farcies. Jupiter et Vénus, la déesse romaine de l'amour, avaient un rendez-vous secret dans une auberge. L'aubergiste fut si impressionné par la beauté de Vénus qu'il tenta de l'espionner tandis qu'elle attendait Jupiter dans sa chambre. Il l'observa par le trou de la serrure alors qu'elle était allongée sur le lit. Tout ce qu'il put apercevoir par cette petite ouverture, ce fut son nombril. Sa perfection était telle qu'il inspira à l'aubergiste les tout premiers tortellini.

Les récipients

Peu importe le récipient que vous utilisez, l'important est qu'il soit assez grand, car il faut toujours faire cuire les pâtes dans un grand volume d'eau. Si vous voulez faire cuire 500 g de pâtes, il vous faudra un récipient suffisamment grand pour contenir 5 l d'eau et vous permettre de mélanger sans risquer de tout faire déborder. Un matériau léger tel que l'aluminium est idéal car le récipient doit pouvoir être facilement soulevé et vidé, même lorsqu'il est rempli de plusieurs litres d'eau bouillante.

Les récipients conçus pour la cuisson des pâtes, contenant un panier percé, sont très utiles. Les pâtes sont cuites dans le panier, ce qui permet de les retirer et de les égoutter facilement. Ceci est bien plus pratique que de vider les pâtes et l'eau en même temps, surtout pour les grandes quantités. Vous pouvez conserver un peu de l'eau de cuisson, les italiens l'utilisent souvent pour allonger la sauce.

Certains « cuit-pâtes » sont juste des récipients normaux sans paniers, mais ils ont un couvercle perforé qui permet d'égoutter les pâtes en inclinant le récipient. Cependant, beaucoup d'entre eux ne laissent pas s'échapper l'eau assez vite et n'ont rien à voir avec les véritables cuit-pâtes.

La passoire

Si vous ne possédez pas de véritable cuit-pâtes, vous pouvez aussi utiliser une grosse passoire ou tout autre type d'égouttoir.

Le testeur à spaghetti

« Quel est donc cet objet étrange ? », devez-vous penser. Grâce à ce petit ustensile, vous pouvez retirer un seul spaghetti de l'eau pour vérifier sa cuisson. Plus aucun spaghetti ne s'échappera de votre fourchette !

Les cuillères à pâtes

Les bords dentés de ces cuillères permettent de retenir les pâtes et évitent aux longues pâtes de glisser.

Assiettes creuses et plates

Les pâtes peuvent être servies dans un grand plat creux préchauffé que l'on se passe entre convives, ou directement servies dans des assiettes individuelles, plates ou creuses.

Rosmarino
Basilico
Timo

istorante

Gli spaghetti amano la compagnia,

disent les italiens, ce qui veut dire

« les pâtes aiment la compagnie ».

Cela signifie que pour réussir vos pâtes, vous devrez les surveiller attentivement pour vous assurer qu'elles ne cuisent pas trop longtemps (pour les italiens, des pâtes trop cuites sont irrécupérables ; il faut les jeter et en refaire d'autres), et les remuer de temps en temps pour éviter qu'elles ne collent.

Fettuccine all'Alfredo, spaghetti aglio e olio, tagliatelle alla bolognese... Certains plats sont tellement populaires et uniques en leur genre qu'ils sont devenus des classiques incontournables. On les déguste partout dans le monde et bien souvent, les variations autour de ces recettes existent par dizaines, voire par centaines, chaque région ayant apporté sa propre touche. Impossible de déterminer quelle recette de *carbonara* ou de *napoletana* est la plus authentique car cela donne lieu à d'interminables débats. Et c'est peut-être la

Les grands classiques

créativité et la passion engendrées par ces plats qui en font de grands classiques.

Leur point commun ? C'est leur simplicité. Les *spaghetti aglio e olio*, par exemple, sont exactement ce que leur nom suggère, c'est-à-dire des spaghetti à l'ail et à l'huile d'olive. Même un plat qui demande beaucoup de temps comme les lasagne (*lasagne al forno*) est préparé à base d'ingrédients relativement simples. Si vous souhaitez inventer une recette de pâtes qui fasse sensation, n'allez pas chercher des ingrédients à l'autre bout de la planète. Privilégiez les ingrédients simples (tomate, olives, câpres, anchois...), de très bonne qualité et toujours frais.

Vous êtes-vous déjà demandé qui était cet « Alfredo » des *fettuccine all'Alfredo* ? Ou pourquoi les *ravioli di magro* ne sont pas bons pour la ligne ? Ou encore pourquoi les habitants de Bologne ne mangent jamais de *spaghetti alla bolognese* ? Délectez-vous des recettes à suivre et amusez-vous des anecdotes concernant leur création.

Tagliatelle alla bolognese

À Bologne, si vous commandez des spaghetti à la bolognaise, vous risquez de vous faire mal voir. Dans le meilleur des cas, le serveur vous expliquera, avec une indignation à peine dissimulée, que ces deux éléments ne vont tout simplement pas ensemble. Aucun italien digne de ce nom ne penserait à combiner une sauce épaisse de type ragù avec des pâtes fines comme les spaghetti, car au moment de les enrouler autour de votre fourchette, la sauce glisserait. Les tagliatelle sont, en revanche, plus appropriées car elles retiennent bien mieux la sauce bolognaise. Si cette sauce accompagne plus volontiers les spaghetti en dehors de l'Italie, c'est parce que cette variété de pâtes était (et est peut-être encore) la plus facile à se procurer, et que cette préparation à base de viande hachée et de légumes est la sauce la plus populaire. Ce genre de sauce se prépare dans pratiquement toutes les régions d'Italie, où elle porte le nom générique de *ragù*. Cependant, c'est la version originaire de Bologne qui est de loin la plus célèbre.

300 g de bœuf haché
1 cuill. à soupe d'huile d'olive
100 g de pancetta en fines lamelles
2 oignons hachés
1 carotte coupée en petits dés
3 branches de céleri émincées
1 poignée de persil finement haché
2 cuill. à soupe de concentré de tomates
1 boîte de tomates italiennes pelées entières (400 g)
25 cl de bouillon de légumes
20 cl de vin blanc sec
1 feuille de laurier
1 pincée de sucre en poudre
400 g de tagliatelle all'uovo
100 g de foie de volaille (facultatif)
2 cuill. à café de beurre (facultatif)
sel, poivre

1. Dans une poêle, faites chauffer l'huile, puis faites revenir le bœuf haché. Remuez de temps en temps pour que la viande n'attache pas au fond. Ajoutez ensuite la pancetta et l'oignon. Faites dorer le tout, en remuant régulièrement.
2. Incorporez les dés de carotte et les morceaux de céleri, puis laissez mijoter quelques minutes supplémentaires.
3. Ajoutez le persil, le concentré de tomates, les tomates entières, le bouillon de légumes, le vin blanc, le laurier, le sucre, du sel et du poivre. Portez le tout à ébullition, puis baissez le feu et laissez la sauce bolognaise mijoter doucement pendant 30 minutes environ.
4. Quelques minutes avant la fin de cuisson de la sauce, faites cuire les tagliatelle al dente dans un grand volume d'eau bouillante salée.
5. Facultatif : pendant la cuisson des pâtes, faites revenir dans une autre poêle le foie de volaille dans le beurre, jusqu'à ce qu'il soit doré de chaque côté. Retirez-le ensuite de la poêle et coupez-le en petits morceaux que vous ajouterez à la sauce.
6. Égouttez les tagliatelle et mélangez-les à la sauce. Servez immédiatement.

De nombreux légumes perdent leurs qualités nutritives lors de la cuisson. À contrario, les bénéfices nutritionnels des tomates augmentent avec la cuisson. Le fait de couper et de faire cuire les tomates permet au corps de mieux absorber le lycopène, un anti-oxydant contenu dans le fruit. Le lycopène semble être bénéfique à bien des égards : il aurait des propriétés anti-inflammatoires chez les personnes souffrant de maladies cardio-vasculaires, il préviendrait certaines formes de cancer, il agirait contre la dégénérescence maculaire (maladie des yeux) et il aurait également des propriétés pour prévenir l'ostéoporose. Vous n'avez pas le temps de faire vous-même votre sauce tomate ? Remplacez les tomates pelées en conserve et le concentré de tomates par une bouteille de Sugocasa Tradizionale. C'est une excellente alternative, car les tomates sont préparées dans les 24 heures qui suivent la récolte et le Sugocasa ne contient pas d'additifs artificiels.

Penne alla carbonara

Peu de plats de pâtes sont sujets à des discussions aussi passionnées que la carbonara. Avec ou sans persil, avec ou sans ail, avec des pâtes longues ou courtes et, le sujet le plus brûlant de tous : avec ou sans crème ? Traditionnellement, la version italienne ne contient pas de crème. Pour certains, cet ajout représente une faute grave ou, dans le meilleur des cas, un manque total d'authenticité. Pourtant, à une époque, le filet de crème avait un but nourrissant, pour les ouvriers ou pour aider un malade à reprendre des forces. En tout cas, les mineurs de charbon siciliens, qui ont donné à ce plat son nom, avaient sûrement besoin d'un repas bien nourrissant à la fin d'une longue journée passée sous terre. On raconte qu'ils préparaient ce plat assez régulièrement car il nécessite très peu d'ingrédients et peut facilement se préparer sur un feu de camp. Saupoudrez généreusement votre assiette de poivre noir du moulin et vous aurez l'illusion de la poussière de charbon qui tombait des manteaux des mineurs lorsqu'ils mangeaient.

1. Faites cuire les penne al dente dans un grand volume d'eau bouillante salée.
2. Pendant ce temps, faites revenir l'ail et la pancetta dans une poêle.
3. Ôtez l'ail de la poêle.
4. Égouttez les penne et ajoutez-les à la pancetta. Retirez la poêle du feu.
5. Incorporez les œufs et le pecorino râpé dans les pâtes, puis remuez jusqu'à ce que les œufs soient crémeux. Salez et poivrez à votre convenance. Servez immédiatement.

400 g de penne rigate
250 g de pancetta en tranches
1 gousse d'ail hachée
200 g de pecorino râpé
2 œufs battus
sel, poivre noir du moulin

Spaghetti alla napoletana

Les napolitains furent parmi les premiers en Europe à cuisiner les tomates, fruit rapporté d'Amérique du Sud par les explorateurs espagnols. Ce fut une véritable révolution ! En effet, à l'époque, le reste de l'Italie faisait déjà pousser des pieds de tomates, mais seulement comme plante ornementale ! Aujourd'hui encore, une sauce tomate simple et rapide (même sans ail ni basilic) est appelée *napoletana*. Elle accompagne pâtes et légumes de saison, et sert aussi de base pour les pizza.

2 cuill. à soupe d'huile d'olive
1 oignon haché
400 g de tomates épépinées et coupées en petits dés
1 petite pincée de piment fort en poudre
1 pincée de sucre en poudre
400 g de spaghetti
1 petite poignée de persil grossièrement haché
1 petite poignée de basilic grossièrement haché
50 g de parmesan grossièrement râpé
sel

1. Faites chauffer l'huile dans une poêle et faites-y revenir l'oignon jusqu'à ce qu'il soit translucide. Ajoutez les tomates, la poudre de piment, le sucre et un peu de sel. Mélangez bien et laissez mijoter à feu doux pendant 5 minutes.
2. Faites cuire les spaghetti al dente dans un grand volume d'eau bouillante salée.
3. Égouttez-les et mélangez-les à la sauce, en ajoutant le persil et le basilic.
4. Répartissez le tout dans des assiettes plates ou creuses, puis parsemez de parmesan. Servez immédiatement.

Bucatini con le sarde

Ce plat typiquement sicilien tire vraisemblablement ses origines du Moyen-Âge, époque à laquelle la Sicile était aux mains des Arabes. Certains racontent même que c'est par l'intermédiaire de ce peuple que les siciliens ont appris l'art de confectionner les pâtes. Quoi qu'il en soit, ce plat est une merveilleuse combinaison d'ingrédients locaux et d'influences arabes. Ces longues pâtes creuses (les bucatini ou les macaroni) et les sardines, fraîchement pêchées en Méditerranée, sont relevées avec du fenouil provenant de l'île, du safran arabe, du zeste de citron, des raisins secs et des pignons de pin. Pino Correnti, célèbre cuisinier sicilien, nous met en garde contre cette fâcheuse tendance à mettre de la tomate à tout-va, sans même y réfléchir, dans les sauces des pâtes. Cette « pluie de tomates », comme il l'appelle, est à éviter absolument pour cette recette. Selon lui, le safran se suffit à lui-même pour donner une belle couleur à la sauce.

500 g de sardines fraîches nettoyées, étêtées et débarrassées de leurs arêtes
le zeste et le jus d'un citron
1 bulbe de fenouil (enlevez le cœur trop dur et coupez le reste en lamelles)
1 boîte de filets d'anchois (50 g) hachés
3 gousses d'ail hachées
1 poignée de persil haché
6 cuill. à soupe d'huile d'olive
1 cuill. à café de graines de fenouil
1 oignon haché
50 g de raisins secs réhydratés dans un peu d'eau (conservez l'eau ensuite)
1 petite pincée de safran réhydraté dans un peu d'eau
2 cuill. à soupe de pignons de pin grillés à sec dans une poêle, à feu très doux
400 g de bucatini
sel, poivre du moulin

1. Tamponnez les sardines avec du papier absorbant pour les sécher, puis salez-les légèrement. Arrosez avec le jus de citron et réservez au frais.
2. Faites blanchir les lamelles de fenouil 5 minutes dans de l'eau bouillante, jusqu'à ce qu'elles soient bien tendres. Égouttez-les dans une passoire, sans jeter l'eau de cuisson, et découpez-les en petits dés.
3. Dans un mortier, broyez au pilon les anchois, l'ail, la moitié du persil, 4 cuillères à soupe d'huile d'olive, le zeste d'un demi-citron et les graines de fenouil, jusqu'à obtention d'une pâte.
4. Faites chauffer 1 cuillère à soupe d'huile d'olive dans une poêle et faites-y revenir brièvement l'oignon. Ajoutez les morceaux de fenouil et laissez cuire. Baissez le feu et incorporez la pâte d'anchois, les raisins secs (avec leur eau), le safran, 1 cuillère à soupe d'eau de cuisson du fenouil et les pignons de pin. Laissez mijoter à feu doux pendant quelques minutes.
5. Dans un grand récipient, versez le reste de l'eau de cuisson du fenouil. Ajoutez de l'eau pour avoir la quantité nécessaire à la cuisson des pâtes. Portez à ébullition, puis salez. Plongez les bucatini dans l'eau et faites-les cuire al dente.
6. Séchez à nouveau les sardines. Faites chauffer 1 cuillère à soupe d'huile d'olive dans une autre poêle et faites-y revenir les sardines de chaque côté, pendant 2 minutes environ, jusqu'à ce qu'elles soient bien tendres. Salez et poivrez.
7. Égouttez les bucatini et répartissez-les dans 4 assiettes. Versez la sauce sur les pâtes, puis disposez quelques sardines par-dessus. Utilisez le reste de persil pour la décoration. Servez immédiatement.

“C’est à sa

de manger les

que l’on devine le

d’une personne”

FAÇON

PÂTES

CARACTÈRE

(Proverbe italien)

Farfalle alla boscaiola

Les cèpes sont indispensables pour réussir cette sauce « forestière » crémeuse à souhait. Ils donnent au plat sa saveur à la fois rustique et raffinée. Les cèpes poussent dans les forêts de Lombardie et c'est de cette région que la sauce est originaire. Les *Pasta alla boscaiola* ont su se faire un nom dans toute l'Italie. Pour accompagner cette sauce, on utilise généralement des variétés de pâtes courtes, comme les farfalle ou les penne, mais parfois aussi des pappardelle.

1. Faites chauffer l'huile d'olive dans une poêle et faites-y revenir l'oignon et les cèpes émincés pendant 3 minutes environ, ou jusqu'à ce que l'oignon soit translucide.
2. Ajoutez l'ail, les morceaux de champignons frais, la sauge hachée, du sel et du poivre. Laissez cuire 5 minutes supplémentaires environ à feu moyen, en remuant de temps en temps.
3. Incorporez l'eau des cèpes et le vin, puis laissez mijoter à feu doux.
4. Faites cuire les farfalle al dente dans un grand volume d'eau bouillante salée.
5. Pendant ce temps, ajoutez le mascarpone et le gorgonzola à la sauce aux champignons. Continuez à faire chauffer le tout, tout en remuant, jusqu'à ce que le fromage soit fondu. Salez et poivrez à votre convenance.
6. Égouttez les farfalle et mélangez-les à la sauce.
7. Répartissez dans des assiettes plates ou creuses et garnissez de sauge. Servez immédiatement.

2 cuill. à soupe d'huile d'olive
1 oignon finement haché
25 g de cèpes séchés, mis à tremper dans de l'eau chaude, puis émincés (récupérez l'eau et réservez-la pour plus tard)
2 gousses d'ail écrasées
400 g d'un mélange de champignons des bois finement émincés
1 petite poignée de sauge fraîche finement hachée (réservez quelques feuilles coupées en lamelles pour la décoration)
20 cl de vin blanc sec
400 g de farfalle
120 g de mascarpone
200 g de gorgonzola émietté
sel, poivre du moulin

Pappardelle alla lepre

La Toscane et ses grandes étendues boisées nous ont apporté de nombreuses recettes de gibier. Ce *ragù* de lièvre accompagné de larges pâtes en forme de rubans en est un excellent exemple. La viande marine pendant toute une nuit dans du vin rouge, puis mijote lentement avec des tomates et des légumes jusqu'à ce qu'elle se détache toute seule des os. À Lucca, ville de Toscane, ce plat est cuisiné avec du lapin plutôt que du lièvre.

500 g de viande de lapin dégraissée et en morceaux
5 cuill. à soupe d'huile d'olive
1 cuill. à soupe de thym frais ou 1 cuill. à café s'il est séché
400 g de tomates épépinées et coupées en morceaux
2 cuill. à soupe de concentré de tomates
400 g de pappardelle
1 poignée de persil haché
sel, poivre du moulin

Pour la marinade :
50 cl de vin rouge
3 branches de céleri grossièrement coupées
2 oignons grossièrement coupés
3 gousses d'ail grossièrement coupées
1 cuill. à soupe de graines de fenouil
1 feuille de laurier
2 clous de girofle
6 grains de poivre
sel, poivre du moulin

1. Dans un grand saladier, mélangez tous les ingrédients pour la marinade, puis incorporez-y la viande. Couvrez et laissez la marinade au réfrigérateur pendant 24 heures. Retournez la viande plusieurs fois durant cet intervalle.
2. Retirez la viande de la marinade et tamponnez-la avec un linge pour la sécher. Passez la marinade dans un tamis pour enlever les grains de poivre et les clous de girofle. Retirez les légumes et faites-les s'égoutter dans une passoire. Réservez le liquide ainsi récupéré.
3. Faites chauffer 3 cuillères à soupe d'huile d'olive dans une poêle, puis faites dorer la viande de chaque côté. Ajoutez les légumes de la marinade et continuez la cuisson. Remuez de temps en temps.
4. Versez la marinade dans la poêle et parsemez de thym, de sel et de poivre. Laissez mijoter à feu doux pendant 2 heures environ ou jusqu'à ce que la viande soit bien tendre.
5. Retirez la viande de la poêle, détachez la chair des os, puis coupez-la en petits morceaux.
6. Enlevez la feuille de laurier et passez la sauce au mixeur jusqu'à obtention d'une purée.
7. Incorporez les morceaux de tomates, le concentré de tomates et la viande dans la sauce, et faites mijoter le tout à feu moyen.
8. Faites cuire les pappardelle al dente dans un grand volume d'eau bouillante salée.
9. Égouttez les pâtes et mélangez-les à la sauce. Répartissez dans des assiettes et parsemez de persil. Servez immédiatement.

Trenette alla genovese

Les génois sont connus pour leur sens de l'économie. C'est peut-être la raison pour laquelle ils ont commencé à accompagner leurs pâtes de tomates et de haricots. Ainsi, ils n'avaient pas à utiliser trop de pesto ! Ces pâtes ne sont connues sous le nom de trenette qu'en Ligurie. Si vous n'en trouvez pas, toute autre variété de petites pâtes plates en forme de rubans conviendra parfaitement.

2 pommes de terre pelées, coupées d'abord en 2, puis dans le sens de la longueur en tranches de 0,5 cm environ
100 g de haricots verts coupés en 2
400 g de trenette
sel

Pour le pesto :
1 bonne poignée de basilic frais
2 gousses d'ail finement émincées
1,5 cuill. à soupe de pignons de pin
100 g de parmesan râpé
4 cuill. à soupe d'huile d'olive
sel

1. À l'aide d'un mixeur, mélangez les ingrédients pour le pesto jusqu'à obtention d'une sauce épaisse.
2. Faites cuire, sans couvrir, les pommes de terre et les haricots dans un grand volume d'eau bouillante salée pendant 5 minutes ou jusqu'à ce qu'ils soient bien tendres. Retirez les légumes à l'aide d'une écumoire ou égouttez-les dans une passoire.
3. Versez les trenette dans l'eau et portez de nouveau à ébullition. Faites cuire les pâtes al dente.
4. Transvasez le pesto dans un grand saladier, puis versez-y 3 à 4 cuillères à soupe de l'eau des pâtes.
5. Égouttez les trenette, puis incorporez-les au pesto avec les pommes de terre et les haricots. Mélangez bien avant de répartir dans des assiettes. Servez immédiatement.

Spaghetti alle vongole

Il existe en réalité deux versions de la recette des pâtes aux palourdes : la version « rouge » à base de sauce tomate et cette version, « blanche », à base de vin blanc, d'ail et de persil. Certains cuisiniers ajoutent un peu de crème, mais ce n'est pas la recette authentique. Vous pouvez servir les palourdes avec des linguine ou des spaghetti.

1 kg de palourdes fraîches, nettoyées (jetez les coquilles ouvertes)
25 cl de vin blanc sec
2 cuill. à soupe d'huile d'olive
1 petit oignon haché
3 gousses d'ail hachées
1 bonne poignée de persil frais haché
400 g de spaghetti all'uovo
2 cuill. à soupe de beurre
le jus d'un demi-citron
sel, poivre du moulin

1. Déposez les palourdes dans une grande poêle profonde, versez-y le vin blanc, puis portez le tout à ébullition. Laissez mijoter pendant 5 minutes environ ou jusqu'à ce que les palourdes s'ouvrent (jetez celles qui restent fermées). Retirez les palourdes de la poêle, puis filtrez le liquide de cuisson. Réservez-le.
2. Faites chauffer l'huile d'olive dans une poêle, puis faites-y revenir l'oignon, l'ail et la moitié du persil jusqu'à ce que l'oignon devienne translucide.
3. Versez le liquide de cuisson des palourdes, puis faites-le bouillir jusqu'à ce qu'il réduise de moitié.
4. Faites cuire les spaghetti al dente dans un grand volume d'eau bouillante salée.
5. Incorporez les palourdes et le beurre dans le liquide de cuisson, puis ajoutez du jus de citron, du sel et du poivre selon votre goût.
6. Égouttez les spaghetti et mélangez-les immédiatement à la sauce. Répartissez les spaghetti alle vongole dans des assiettes, parsemez du reste de persil et d'un peu de poivre du moulin, puis servez immédiatement.

Gnocchi alla romana

Le mot « gnocchi » signifie littéralement « boulettes de pâte ». Comme on peut l'imaginer, de nombreux plats portent ce nom, les plus célèbres étant préparés à base de pommes de terre. Cette variante romaine est, en réalité, plus proche de l'originale, élaborée à base de farine de blé, d'œufs et d'eau. Même si l'on ne sait pas exactement à quand elle remonte, cette recette est bien plus ancienne que les *gnocchi di patate* qui ne datent que du XVIIIe siècle. Ces sortes de quenelles faites à la main peuvent être cuites au four ou sautées dans une poêle avec du beurre. Traditionnellement, elles sont accompagnées d'une simple sauce tomate (voir page 32).

1 l de lait
60 g de beurre
(prévoir un supplément pour beurrer les plats)
225 g de farine italienne (semola di grano duro)
2 œufs et 1 jaune d'œuf battus
75 g de parmesan râpé
sel, poivre

1. Faites bouillir le lait, puis salez et poivrez à votre convenance. Ajoutez le beurre et mélangez jusqu'à ce qu'il soit fondu.
2. Versez progressivement la farine dans le lait. Mélangez à feu doux pendant 15 minutes environ ou jusqu'à formation d'une pâte épaisse. Retirez la poêle du feu.
3. Incorporez les œufs battus et la moitié du fromage dans la pâte. Mélangez bien le tout. Versez la préparation dans un plat ou sur une plaque beurrés. Laissez refroidir.
4. Préchauffez le four à 200 °C (thermostat 6/7).
5. À l'aide d'un emporte-pièce, découpez des ronds d'environ 3 cm de diamètre dans la pâte étalée et déposez-les dans un plat beurré. Saupoudrez le reste de parmesan et ajoutez des noisettes de beurre. Faites cuire pendant 10 minutes environ ou jusqu'à ce que les gnocchi soient dorés et croustillants.

Ravioli di magro

Des ravioli « maigres » ? Il est certain que cette délicieuse sauce à la ricotta et au beurre n'est pas la meilleure alliée de votre silhouette... Mais ici, *di magro* n'a rien à voir avec les calories : cela veut dire qu'il s'agit d'un plat sans viande. Ces ravioli sont consommés pendant le Carême depuis des siècles. Cette période est considérée par les chrétiens comme une période durant laquelle viande et alcool doivent être consommés avec modération. Ces ravioli sont également savoureux accompagnés d'une sauce à la crème, d'une noisette de beurre et d'une poignée de parmesan.

Pour la pâte :

300 g de farine italienne pour pâtes (de type 00) tamisée
3 œufs
½ cuill. à café de sel
½ cuill. à soupe d'huile d'olive

Pour la garniture :

1 petit oignon finement haché
1 gousse d'ail hachée
1 cuill. à soupe d'huile d'olive
400 g d'épinards grossièrement hachés
300 g de ricotta
100 g de beurre
1 petite poignée de sauge fraîche coupée en lamelles
sel, poivre du moulin

1. Sur une surface sèche et propre, faites un tas avec la farine et creusez un puits au centre. Ajoutez-y les œufs, l'huile et le sel. À l'aide d'une fourchette, mélangez délicatement du centre vers l'extérieur, jusqu'à ce que la farine soit bien mêlée aux œufs. Pétrissez la pâte pendant 10 à 15 minutes jusqu'à ce qu'elle devienne douce et élastique. Recouvrez-la de film alimentaire et laissez-la reposer pendant 30 minutes.
2. Pendant ce temps, préparez la garniture. Faites doucement revenir l'oignon et l'ail dans l'huile. Incorporez-y les épinards. Dès qu'ils commencent à flétrir, retirez la poêle du feu. Égouttez la préparation, puis versez-la dans un saladier. Ajoutez la ricotta, puis salez et poivrez à votre convenance.
3. Abaissez la pâte au rouleau sur le plan de travail préalablement fariné, jusqu'à obtention d'une pâte rectangulaire de moins de 1 cm d'épaisseur. Imaginez une ligne au milieu de la pâte et placez des petits tas de garniture sur un côté seulement de cette ligne. À l'aide d'un pinceau trempé dans un peu d'eau, humidifiez la partie autour de la garniture. Repliez la pâte et appuyez doucement avec vos doigts autour de la garniture pour bien refermer la pâte. Séparez les ravioli à l'aide d'une roulette ou d'un couteau aiguisé. Avec les dents d'une fourchette, pressez les bords des ravioli pour les coller.
4. Faites cuire les ravioli dans une grande quantité d'eau bouillante pendant 3 à 4 minutes. Égouttez-les.
5. Pendant ce temps, faites fondre à feu doux le beurre avec les lamelles de sauge, sans laisser brunir le beurre.
6. Répartissez dans des assiettes et arrosez de beurre à la sauge. Servez immédiatement.

Lasagne al forno

Les lasagne, ou *laganon*, furent l'un des premiers jalons de l'histoire des pâtes italiennes, comme en témoigne le récit d'un historien du Ier siècle ap. J.-C. À cette époque déjà, des couches de pâtes étaient cuites avec une garniture de viande ou de poisson. Des siècles plus tard, cette ancienne recette s'est transformée en une multitude de variantes délicieuses, même si la version la plus célèbre reste celle composée de *ragù* et de sauce béchamel. Les lasagne faites maison (y compris la pâte) sont incomparables ! Les ingrédients, bien que simples, doivent être frais et d'excellente qualité.

1 cuill. à soupe d'huile d'olive
400 de bœuf haché
2 gousses d'ail hachées
1 oignon haché
1 carotte coupée en petits morceaux
1 petite poignée de persil haché
2 cuill. à soupe de concentré de tomates
20 cl de bouillon de légumes
1 paquet de feuilles de lasagne de 500 g, précuites si nécessaire (la plupart des marques ne requièrent pas de précuisson)
1 cuill. à soupe de beurre
100 g de parmesan râpé

Pour la sauce béchamel :
60 g de beurre
60 g de farine de blé
1 l de lait entier chaud
1 pincée de muscade râpée
sel, poivre

1. Préchauffez le four à 180 °C (thermostat 6).
2. Faites chauffer l'huile d'olive dans une poêle et faites-y revenir le bœuf, en remuant régulièrement. Ajoutez l'ail, l'oignon, les morceaux de carotte et le persil, puis continuez à faire cuire à feu vif pendant 2 minutes environ. Incorporez le concentré de tomates et continuez la cuisson.
3. Versez le bouillon dans le mélange de viande, remuez bien, puis portez à ébullition. Réduisez ensuite le feu et laissez mijoter pendant 30 minutes.
4. Pendant ce temps, faites fondre le beurre pour la béchamel dans une casserole. Laissez-le chauffer jusqu'à ce qu'il mousse. Versez alors la farine, puis battez la préparation au fouet. Continuez à fouetter jusqu'à obtention d'un mélange lisse et ferme (appelé roux). Cette étape peut prendre plusieurs minutes. Le roux ne doit ni coller ni griller et il doit prendre une couleur légèrement dorée (pas trop foncée).
5. Retirez la casserole du feu et versez-y le lait chaud petit à petit. Remuez sans cesse pour éviter la formation de grumeaux.
6. Faites de nouveau chauffer la casserole et ajoutez du sel, du poivre et de la muscade selon votre goût. Faites cuire la béchamel pendant 5 minutes environ, en remuant sans cesse. Retirez la casserole du feu et réservez.
7. Au fond d'un plat préalablement beurré, déposez une couche de feuilles de lasagne. Étalez par-dessus une couche de sauce à la viande, puis une couche de béchamel. Continuez les couches dans cet ordre et terminez par une couche de béchamel. Recouvrez de parmesan.
8. Faites cuire les lasagne au four pendant 30 minutes. Poursuivez la cuisson jusqu'à ce qu'elles soient bien dorées.

Bucatini all'amatriciana

Cette sauce au lard piquante n'est pas originaire de Rome, comme on l'a cru pendant longtemps. Elle vient en fait d'Amatrice, petite ville de montagne à la frontière entre le Latium et les Abruzzes. Les bergers qui vivaient dans ces montagnes préparaient de la sauce tomate à partir d'ingrédients qui se conservaient facilement et qui pouvaient être transportés lors de longs voyages : le fromage de brebis à pâte dure, les piments et le lard séché. La version officielle de la recette (si officielle qu'elle a été consignée par écrit par les autorités locales !) demande d'utiliser du guanciale, c'est-à-dire de la joue de porc. On peut utiliser de la pancetta à la place de la joue, mais les puristes diront qu'il ne s'agit pas là de la véritable recette d'Amatrice. Vous pouvez également oublier l'oignon et l'ail, absents de la recette traditionnelle. Cette sauce est très savoureuse avec des bucatini, des spaghetti ou des vermicelli.

200 g de lard (de préférence du guanciale italien ou de la pancetta) coupé en dés
2 cuill. à soupe d'huile d'olive
1 piment séché (peperoncino) pilé
500 g de tomates épépinées et coupées en dés
400 g de bucatini
50 g de parmesan râpé
50 g de pecorino râpé
sel

1. Faites cuire le lard dans une poêle sans matière grasse jusqu'à ce qu'il soit croustillant. Retirez l'excédent de gras, puis versez l'huile d'olive.
2. Ajoutez le piment et les tomates, puis continuez à faire revenir le tout, jusqu'à obtention d'une sauce épaisse.
3. Faites cuire les bucatini al dente dans un grand volume d'eau bouillante salée.
4. Égouttez-les, puis incorporez-les à la sauce.
5. Répartissez dans des assiettes et parsemez des deux fromages râpés. Servez immédiatement.

L'huile d'olive

Des rangées d'arbres noueux aux feuilles d'un beau gris-vert, s'étirant à perte de vue dans un paysage baigné de lumière. Existe-t-il de paysage plus italien ? Les oliveraies poussent presque partout en Italie. Après l'Espagne, l'Italie est le deuxième producteur mondial d'huile d'olive.

La cueillette des olives est un spectacle fascinant. Elle est encore réalisée en grande partie à la main car il est difficile de cueillir les olives avec une machine sans les abîmer. Elles doivent être ramassées avant leur maturation complète pour donner une huile d'olive d'excellente qualité, même si cela ne facilite pas la cueillette. En effet, les olives qui ne sont pas tout à fait mûres ne se détachent pas facilement de leur branche. Des fruits abîmés peuvent affecter le goût de l'huile. C'est pourquoi les cueilleurs disposent des filets sous les arbres et, à l'aide d'un bâton spécial, font tomber les fruits avec précaution en tapant sur le tronc. Une fois ramassées, les olives sont écrasées et transformées aussi vite que possible en un nectar doré.

Vergine et vierge

Des litres et des litres d'huile d'olive sont utilisés dans les cuisines italiennes chaque année. La plupart des foyers en ont toujours au moins deux sortes : une huile *vergine* ou *extra vergine* et une huile d'olive « normale ». Bien qu'elles proviennent du même fruit, ces deux variétés sont assez différentes. Les noms faisaient autrefois référence à la méthode de production : l'huile vergine, ou vierge, provenait de la première pression « à froid » après laquelle la pulpe restante était chauffée, puis pressée une seconde fois. De nos jours, on utilise des centrifugeuses qui permettent d'extraire quasiment toute l'huile des olives. La dénomination est néanmoins toujours employée pour désigner l'huile de qualité.

Aujourd'hui, « extra vierge » signifie que l'acidité ne dépasse pas 1 %. Cette huile est la plus pure et la plus savoureuse de toutes. L'huile d'olive, en général, contient moins de 2 % d'acidité. Ces deux types d'huiles non transformées représentent à elles seules 10 % de la production totale d'huile. Le reste se compose d'huiles qui sont raffinées pour ôter leur acidité et extraire les impuretés. Ces traitements supplémentaires entraînent une perte de saveur, mais présentent un avantage : les huiles ainsi obtenues peuvent être portées à haute température et sont donc plus adaptées à la cuisson. Les huiles d'olive vierges et extra vierges conviennent davantage pour une utilisation à froid, comme pour les assaisonnements et les sauces. Ces huiles perdent leur saveur dès qu'elles sont chauffées. Faire revenir des aliments à l'huile d'olive extra vierge est donc un véritable péché culinaire !

Poivrée ou fruitée

Une bonne huile d'olive développe toutes sortes de saveurs subtiles qui dépendent, entre autres, de la variété de l'olive, de son niveau de maturité et de la manière dont elle a été produite. L'huile de Toscane est souvent poivrée, tandis que les variétés de Ligurie ont un goût plus doux et fruité, et que les huiles d'olive de Sicile sont un vrai coup de fouet pour les papilles avec leur intense goût de noix.

Spaghetti aglio e olio

Cette recette romaine démontre qu'un bon plat de pâtes n'a pas besoin de superflu. Elle est d'une parfaite simplicité et contient exactement ce que dit l'intitulé : des spaghetti, de l'ail et de l'huile d'olive. Il existe une variante, les *spaghetti aglio, olio e peperoncino*, pour laquelle on fait revenir un piment séché avec l'ail, ce qui relève le plat. Le piment est retiré juste avant de servir. L'ajout de fromage n'est même pas nécessaire pour déguster ce plat.

400 g de spaghetti
10 gousses d'ail finement émincées
2 cuill. à soupe d'huile d'olive
sel

1. Faites cuire les spaghetti al dente dans un grand volume d'eau bouillante salée.
2. Pendant que les pâtes cuisent, faites chauffer l'huile dans une poêle et faites-y revenir l'ail à feu doux, jusqu'à ce qu'il prenne une couleur dorée.
3. Égouttez les spaghetti, puis mélangez-les à l'ail. Servez immédiatement.

Remède pour les lendemains de fête difficiles

Beaucoup d'italiens ne jurent que par cela : une grande assiette de *spaghetti aglio, olio e peperoncino* (spaghetti à l'ail, à l'huile d'olive et au piment) après une soirée un peu trop arrosée. Apparemment, la consommation d'hydrates de carbone permettrait d'arrêter l'absorption de l'alcool par le corps et l'huile déposerait un film sur la paroi de l'estomac, ce qui permettrait de mettre fin à cette horrible sensation de nausée. Par ailleurs, des vertus analgésiques ont été attribuées à l'ail et au piment. En tout cas, ça vaut le coup d'essayer…

Fettuccine all'Alfredo

Celui qui a immortalisé cette recette de pâtes délicieusement simple s'appelait Alfredo di Lello. Il était restaurateur à Rome dans les années 1920. On raconte beaucoup d'anecdotes sur l'histoire de ce plat, une variation des *fettuccine al burro* (au beurre). Il l'aurait notamment préparé pour sa femme enceinte qui avait alors peu d'appétit. La grande quantité de beurre utilisée, bien plus copieuse que ne l'exigeait la recette originale, en faisait un plat très nourrissant et savoureux. Dans son restaurant, l'ingénieux Alfredo le servait aux célébrités avec une fourchette en or. C'est probablement pour cette raison que cette recette est si renommée. Il est amusant de constater qu'en Italie, elle est toujours appelée *fettuccine al burro* ou *al doppio burro* (double beurre).

100 g de beurre
20 cl de crème liquide (panna da cucina)
50 g de parmesan râpé (prévoir supplément pour parsemer le plat à la fin)
400 g de fettuccine
sel, poivre

1. Faites fondre le beurre dans une grande poêle, puis versez-y la crème. Portez à ébullition, puis baissez immédiatement le feu. Faites mijoter pendant 5 minutes, en remuant sans cesse. Ajoutez le parmesan et mélangez jusqu'à obtention d'une sauce bien lisse. Retirez du feu.
2. Faites cuire les fettuccine al dente dans un grand récipient d'eau bouillante salée.
3. Remettez la sauce au fromage sur feu doux. Égouttez les fettuccine et mélangez-les à la sauce. Salez et poivrez à votre convenance.
4. Répartissez les fettuccine all'Alfredo dans des assiettes plates ou creuses et parsemez de parmesan fraîchement râpé. Servez immédiatement.

Minestrone

La base de cette recette est depuis toujours un bon bouillon fait maison. Ensuite, les ingrédients pour préparer le minestrone diffèrent largement selon la région, la saison, le cuisinier et son humeur du jour… Les restes de la veille trouvent souvent une place dans cette soupe. D'où son nom, *minestra*, qui signifie « mélange ». En Calabre, elle s'appelle *millecosedde*, ou la soupe faite « de mille choses ». Tous les types de légumes peuvent être ajoutés dans un minestrone et les types de pâtes varient aussi énormément : vous pouvez utiliser des vermicelli et d'autres variétés de petites pâtes (les *pastine*) comme des pâtes courtes et épaisses (les penne par exemple). Pour épaissir votre minestrone, vous pouvez ajouter un peu de fromage râpé. Vous pouvez aussi, comme en Ligurie, y ajouter une cuillerée de pesto.

1 grosse pomme de terre coupée en dés
1 carotte finement émincée
1 oignon coupé en rondelles
1 poireau coupé en rondelles
1 gousse d'ail finement hachée
3 cuill. à soupe d'huile d'olive
1,5 l de bouillon de légumes
100 g de mafaldine
100 g de petits pois
100 g de haricots cannellini (en boîte)
2 tomates coupées en morceaux
1 poignée de persil frais finement haché
sel, poivre

1. Faites revenir la pomme de terre, la carotte, l'oignon, le poireau et l'ail pendant quelques minutes dans l'huile d'olive.
2. Ajoutez le bouillon et faites mijoter pendant 15 minutes pour permettre aux saveurs de bien se mélanger.
3. Incorporez les pâtes, les petits pois, les haricots cannellini, les tomates et le persil, et laissez mijoter pendant 5 minutes supplémentaires (ou jusqu'à ce que les pâtes soient tendres).
4. Salez et poivrez selon votre goût.
5. Versez le minestrone dans des bols ou des assiettes creuses et servez.

Voici une recette pour préparer rapidement un délicieux bouillon de légumes maison : faites revenir dans 1 cuillère à soupe d'huile d'olive deux gros oignons finement émincés, une grosse carotte coupée en morceaux, la moitié d'une botte de céleri coupée en morceaux, quelques feuilles de céleri et un poireau finement émincé. Ajoutez 1,5 l d'eau, portez à ébullition et laissez mijoter à feu doux pendant 20 minutes. Filtrez le bouillon, puis salez à votre convenance.

“Je vous assure que ce sont les macaroni qui unifieront l’Italie !”

Cette déclaration passionnée a été faite par Giuseppe Garibaldi, héros national qui s’est battu au XIXe siècle pour faire du pays divisé une seule et même nation.

À l’époque de Garibaldi, les pâtes étaient une des seules choses que les états indépendants d’Italie avaient en commun.

RISTORANTE
pasta - caffé

Spaghetti alla puttanesca

Pas de doute possible quant à l'origine du nom de ce délicieux plat de pâtes de la région de Campanie : *alla puttanesca* signifie « à la mode des putes ». D'aucuns racontent que les arômes envoûtants de la sauce emplissaient l'air des rues, attirant les hommes dans les maisons de ces femmes de mauvaise réputation. D'autres assurent que le nom de ce plat vient du fait qu'il est si facile à réaliser qu'il peut être préparé entre deux « clients » !

400 g de spaghetti
2 cuill. à soupe d'huile d'olive
2 gousses d'ail finement émincées
1 boîte de 50 g de filets d'anchois finement hachés
1 kg de tomates bien mûres finement émincées
100 g d'olives noires dénoyautées
1 petite poignée de persil haché
1 cuill. à soupe de câpres
sel

1. Faites cuire les spaghetti al dente dans un grand volume d'eau bouillante salée.
2. Pendant que les pâtes cuisent, faites chauffer l'huile dans une grande poêle, puis ajoutez l'ail et les anchois. Faites cuire en remuant sans cesse jusqu'à ce que les anchois aient « fondu ».
3. Incorporez les tomates à la pâte d'anchois, puis mélangez cette préparation à feu vif, jusqu'à obtention d'une sauce épaisse. Réduisez le feu et incorporez les olives, le persil et les câpres.
4. Égouttez les spaghetti et mélangez-les immédiatement à la sauce tomate.
5. Répartissez dans des assiettes creuses et servez immédiatement.

Spaghetti alla marinara

Voilà un exemple typique de sauce autour de laquelle règne une grande confusion. Est-ce une sauce avec des moules et d'autres fruits de mer ou est-ce avant tout une simple sauce tomate ? Avec le mot « marinara », dérivé de « marinaro » (« qui vient de la mer » en français), on pourrait s'attendre à y trouver des fruits de mer ou du poisson. Il n'en est rien. Traditionnellement, cette sauce tomate (car ce n'est qu'une sauce tomate) était préparée pour les marins napolitains de retour de leur séjour en mer. Pas de moules ni de fruits de mer, pas même d'anchois. Cette sauce purement végétarienne est l'une des rares sauces tomate à être servie sans fromage. Dans les restaurants de certains pays, si vous voyez *marinara* dans le menu, c'est qu'il s'agit de pâtes aux fruits de mer. Cela vient du fait que les immigrants italiens, qui avaient ouvert des restaurants dans le monde entier peu après la Seconde Guerre mondiale, n'avaient pas une très bonne connaissance des recettes italiennes traditionnelles. Ces nouvelles recettes, aux noms mal attribués, ont été très vite adoptées et sont devenues des classiques dans leur pays d'accueil.

6 cuill. à soupe d'huile d'olive
500 g de tomates bien mûres, pelées, épépinées et coupées en fines lamelles
1 petit piment épépiné et haché
2 gousses d'ail finement hachées
1 cuill. à soupe de câpres
400 g de spaghetti
3 cuill. à soupe de persil frais haché
100 g de grosses olives noires dénoyautées et coupées en rondelles
sel

1. Faites chauffer 1 cuillère à soupe d'huile d'olive dans une poêle et faites-y revenir les lamelles de tomates à feu doux pendant 5 minutes environ ou jusqu'à ce qu'elles aient ramolli.
2. Faites chauffer 2 cuillères à soupe d'huile d'olive dans une autre poêle, grande et profonde. Ajoutez le piment et l'ail, et faites-les cuire pendant 1 minute, en remuant sans cesse.
3. Ajoutez les tomates, le reste d'huile d'olive et les câpres, puis laissez cuire 2 à 3 minutes supplémentaires, en remuant sans cesse.
4. Pendant ce temps, faites cuire les spaghetti al dente dans un grand volume d'eau bouillante salée.
5. Égouttez les spaghetti et incorporez-les immédiatement à la sauce avec le persil et les rondelles d'olives. Laissez sur le feu pendant 1 minute, toujours en remuant. Répartissez dans des assiettes et servez immédiatement.

Pesto alla genovese

En Ligurie, petite province côtière du Nord-Ouest de l'Italie, le basilic sauvage pousse en abondance. Beaucoup sont convaincus que c'est de là, et de nulle part ailleurs, que provient le meilleur des basilics. Ses feuilles d'un vert brillant possèdent une saveur unique et des arômes intenses. Certains disent que cela est dû au vent qui souffle sur la Riviera...

Cette région, riche en herbes aromatiques, est le berceau de la plus connue des préparations au basilic : le pesto. La recette est la même depuis des milliers d'années : les Liguriens écrasent les feuilles de basilic pour en faire une pâte fine. Ils la mélangent à une savoureuse huile d'olive locale, puis y ajoutent de l'ail et du pecorino, ce délicieux fromage de brebis italien. À une certaine époque, on incorporait également des pignons de pin écrasés, ce qui donnait au mélange une texture incroyablement crémeuse.

L'éternel mortier et son pilon

Traditionnellement, le pesto est préparé dans un mortier en pierre : le basilic est écrasé avec un gros pilon jusqu'à obtention d'une pâte. C'est de là que le pesto tire son nom : en italien, *pestare* signifie « écraser ». Même si vous pouvez aussi mettre tous les ingrédients dans votre mixeur, la bonne vieille méthode de fabrication du pesto reste la meilleure. L'impact du pilon sur le basilic permet d'obtenir une texture bien lisse, tandis que le mixeur donne simplement des petits morceaux. Il faut écraser ensemble tous les ingrédients, à l'exception du fromage et de l'huile d'olive que vous n'ajouterez qu'à la fin, pour obtenir une sauce épaisse.

Des centaines de pestos

Il existe de très nombreuses variantes du pesto italien original. Chaque cuisinier a sa propre recette. Le pesto « alternatif » le plus connu est celui préparé à partir de tomates séchées, le *pesto rosso*. La roquette est souvent utilisée à la place du basilic, mais on utilise aussi d'autres herbes aromatiques tendres, ou des légumes comme les poivrons grillés ou l'aubergine. Le pecorino peut même être remplacé par d'autres fromages. On peut également ajouter des noix ou des amandes, différentes huiles (de noix, noisette…).

Les trenette *alla genovese* sont le plat à base de pesto le plus célèbre : des pâtes fines en forme de rubans accompagnées de pesto vert, de pommes de terre à l'eau et de haricots. Les Liguriens dégustent également le pesto avec des gnocchi ou dans du minestrone. Les combinaisons possibles sont infinies. Nous vous recommandons le pesto sur des *crostini* (des tranches de pain grillées), avec de la salade ou encore en sauce pour accompagner la viande ou le poisson.

Imaginez une cocotte brûlante dans laquelle mijotent depuis des heures os à moelle, légumes frais et herbes aromatiques, libérant d'appétissants arômes dans toute la maison, et qui finit par donner un nectar épais et savoureux. Ce délicieux bouillon est rarement servi avec autre chose que des petites pâtes car il n'a, à vrai dire, pas besoin de superflu. Le cuisinier y ajoutera parfois des petits pois, des boulettes de viande ou des morceaux de foie de volaille braisés. Quelle que soit la façon de les servir, les pâtes *in brodo* doivent toujours s'accompagner d'un bouillon préparé avec amour. Les soupes de pâtes occupent une place importante dans la cuisine italienne. Elles sont en général servies comme *primo* (entrée) et non pas comme *pastasciutta* (pâtes en sauce). Il existe des centaines de variétés de petites pâtes (*pastine*) spécialement conçues pour la soupe, comme les simples *risi* ou *peperini* (ainsi nommés car ils ressemblent à du

Les soupes de pâtes

riz et des grains de poivre). Les pâtes les plus connues existent également en version plus petite : les farfalette (« petits papillons » ou « petits nœuds papillons »), les orecchiettini (« petites oreilles »), les tubetti (« petits tubes »), les conchigliette (« petits coquillages »), etc. Les célèbres pâtes alphabet, les alfabetini, sont tout particulièrement appréciées des enfants. Les tortellini et les gnocchi peuvent également trouver leur place dans les bouillons.

Le minestrone est plus épais que le bouillon. Il se compose de légumes et de toutes sortes de pâtes. Lorsqu'elle est servie avec du bon pain grillé, cette soupe copieuse peut constituer un plat à elle seule ; c'est d'ailleurs un repas idéal pour les jours de grand froid car elle permet de faire un véritable plein d'énergie.

Les recettes qui suivent sont prévues pour 4 personnes.

Soupe d'épinards aux petites nouilles

1 l de bouillon de légumes
100 g de petites pâtes à soupe (des farfalline ou des stelline)
500 g d'épinards lavés et hachés
2 cuill. à soupe de crème fraîche
du pain complet pour accompagner
sel

1. Portez le bouillon à ébullition.
2. Faites cuire les pâtes dans le bouillon. Lorsqu'elles sont al dente, égouttez-les dans une écumoire ou un tamis. Rincez-les brièvement sous l'eau froide et réservez-les.
3. Ajoutez les épinards dans le bouillon et laissez-les flétrir un court instant.
4. Passez la soupe au mixeur.
5. Incorporez la crème et les pâtes dans la soupe. Faites chauffer le tout, puis servez dans des bols. Accompagnez votre soupe de pain complet.

Achetez toujours vos épinards aussi frais que possible. Pour les conserver, enroulez-les sans trop serrer dans du papier journal et placez-les dans le bac à légumes de votre réfrigérateur. Ne les gardez pas plus d'un jour ou deux.

Bouillon de bœuf aux spaghettini et aux boulettes de viande

100 g de parmesan grossièrement râpé
1 œuf
1 cuill. à soupe de chapelure
250 g de viande hachée
1 l de bouillon de bœuf
100 g de spaghettini
1 petite poignée de persil haché
sel, poivre

1. Pour préparer les boulettes de viande, mélangez la moitié du parmesan, l'œuf, la chapelure et la viande hachée préalablement salée et poivrée. Façonnez de petites boulettes à la main.
2. Portez le bouillon à ébullition, puis ajoutez-y les boulettes de viande et les spaghettini. Laissez mijoter à feu doux pendant 4 à 5 minutes ou jusqu'à ce que les boulettes soient bien cuites et les pâtes al dente.
3. Répartissez la soupe dans 4 assiettes creuses, parsemez du reste de fromage et de persil, puis servez immédiatement.

Humidifiez vos mains afin de réaliser plus facilement les boulettes de viande.

Soupe de tomates fraîches aux orecchiette

1 cuill. à soupe d'huile d'olive
1 petit oignon haché
1 branche de céleri finement émincée
1 gousse d'ail épluchée
1 kg de tomates bien mûres, épépinées et coupées en dés
1 l de bouillon de légumes
100 g d'orecchiette
de la ciabatta pour accompagner

1. Faites chauffer l'huile dans une poêle et faites-y revenir l'oignon, le céleri et l'ail jusqu'à ce que l'oignon devienne translucide.
2. Ajoutez les morceaux de tomates et continuez à faire revenir le tout pendant 1 minute supplémentaire, en remuant sans cesse.
3. Versez le bouillon et portez à ébullition. Réduisez le feu et laissez mijoter, sans couvrir, pendant 20 minutes environ.
4. Passez la soupe au mixeur, puis filtrez-la à l'aide d'un tamis. Portez de nouveau la soupe à ébullition.
5. Ajoutez les orecchiette et laissez mijoter quelques minutes supplémentaires (ou jusqu'à ce que les pâtes soient al dente). Servez accompagné de ciabatta.

Tout comme la pomme de terre, le piment, le maïs et le tabac, la tomate est également originaire d'Amérique du Sud. Ce fruit fait partie de la famille des solanacées, un groupe de plantes qui a souffert, à une époque, d'une très mauvaise réputation. Les parties vertes de la plante contiennent en effet des alcaloïdes toxiques qui peuvent être mortels s'ils sont absorbés en grande quantité. Lorsque la tomate arriva pour la première fois en Europe, elle fut utilisée comme plante décorative. En Europe, c'est en Italie que les premières tomates destinées à la consommation furent cultivées. Il s'agissait d'une petite variété jaune appelée « pomme d'or », ou *pomo d'oro*. Ce nom est toujours utilisé en italien pour désigner le mot « tomate », à la seule différence qu'aujourd'hui, les deux mots n'en forment plus qu'un : *pomodoro*.

Bouillon aux petits pois et à la pancetta

1 cuill. à soupe d'huile d'olive
1 oignon haché
1 branche de céleri finement émincée
1 gousse d'ail hachée
1 cuill. à soupe de concentré de tomates
1 l de bouillon de bœuf
200 g de pappardelle
100 g de pancetta coupée en dés
500 g de petits pois congelés
1 petite poignée de persil haché

1. Faites chauffer l'huile d'olive dans une grande poêle et faites-y revenir l'oignon, le céleri et l'ail jusqu'à ce que l'oignon soit translucide. Incorporez le concentré de tomates, puis laissez la préparation cuire pendant quelques secondes.
2. Ajoutez le bouillon et portez le tout à ébullition.
3. Plongez les pappardelle et faites-les cuire al dente.
4. 3 minutes avant la fin de la cuisson des pappardelle, incorporez les petits pois, la pancetta et le persil.
5. Répartissez dans des assiettes creuses et servez immédiatement.

Soupe de légumes aux tortellini

1 l de bouillon de légumes
100 g de haricots verts coupés en petits morceaux
1 petite carotte coupée en morceaux
1 branche de céleri finement émincée
1 tomate cœur de bœuf géante, ou tout autre type de tomate à ragoût, épépinée et coupée en morceaux
100 g de fleurettes de brocolis
1 petite poignée de feuilles de céleri ciselées
250 g de tortellini au fromage (faits maison ou déjà prêts)
sel, poivre

1. Portez le bouillon à ébullition et plongez-y les haricots, la carotte et le céleri.
2. Laissez cuire pendant 5 minutes, puis ajoutez la tomate, le brocoli, les feuilles de céleri et les tortellini. Laissez sur le feu pendant 2 minutes supplémentaires (ou jusqu'à ce que les pâtes soient al dente).
3. Répartissez la soupe dans des assiettes creuses et servez immédiatement.

Pour peler vos tomates facilement : incisez le dessous en croix avec un couteau aiguisé, puis plongez les tomates dans de l'eau bouillante jusqu'à ce que la peau commence à se détacher. Retirez-les immédiatement de l'eau et rincez-les sous l'eau froide. Vous les pèlerez ainsi sans difficulté.

Busatti

Tortellini in brodo rosso

1 cuill. à soupe d'huile d'olive
1 oignon haché
2 gousses d'ail hachées
1 cuill. à soupe de sucre en poudre
10 cl de vin rouge
90 cl de bouillon de poule
1 carotte coupée en fines rondelles
1 poireau émincé en demi-rondelles
1 branche de céleri émincée
200 g de tortellini alla carne
100 g de parmesan
1 petite poignée de feuilles d'origan frais coupées en fines lamelles
1 bouquet de ciboulette ciselé

1. Faites chauffer l'huile dans une poêle, puis faites revenir l'oignon et l'ail pendant 1 minute.
2. Parsemez de sucre et faites chauffer à feu doux, en remuant, jusqu'à ce que l'ail et l'oignon soient caramélisés (environ 5 minutes).
3. Ajoutez le vin rouge, le bouillon de poule, les rondelles de carotte, le poireau, le céleri et les tortellini. Laissez mijoter pendant 6 minutes (ou jusqu'à ce que les tortellini soient al dente).
4. Répartissez le bouillon obtenu dans des bols. Parsemez de parmesan, d'origan et de ciboulette.

Bouillon aux fruits de mer et aux alfabetini

1 cuill. à soupe d'huile d'olive
1 oignon haché
3 gousses d'ail hachées
1 branche de céleri émincée
1 carotte coupée en petits morceaux
1 poireau coupé en demi-rondelles
1 poignée de persil frais haché
½ l de court-bouillon de poisson
50 cl de vin blanc sec
200 g d'alfabetini (pâtes en forme de lettres de l'alphabet)
250 g de filets de poisson (comme le tilapia ou tout autre poisson blanc) découpés en gros morceaux
200 g de crevettes cuites
200 g de moules cuites

1. Faites chauffer l'huile dans une poêle, puis faites revenir l'oignon et l'ail pendant 1 minute. Ajoutez les légumes et le persil. Faites cuire pendant encore 1 minute, en remuant sans cesse.
2. Incorporez le vin et le court-bouillon. Portez à ébullition, puis plongez-y les pâtes. Baissez le feu et laissez cuire à petits bouillons pendant 5 minutes afin que les saveurs se mélangent bien.
3. Ajoutez les morceaux de poisson et faites cuire pendant 5 minutes environ. Versez les moules et les crevettes dans la préparation, et faites bien chauffer le tout.
4. Vérifiez que les pâtes soient bien tendres, puis servez dans des assiettes creuses.

Elles ont un goût sucré, on en trouve toute l'année et elles ne coûtent pas cher. Que ferions-nous donc sans les carottes ? La partie la plus sucrée se trouve directement sous la peau. Il faut donc les nettoyer délicatement en les frottant, ou bien utiliser un économe à lame très fine, pour ne pas enlever trop de peau.

Minestrone aux cèpes et au poulet

100 g de cèpes séchés (funghi porcini), réhydratés pendant 1 heure dans de l'eau tiède
1 l de bouillon de poule
200 g de pipe rigate
2 carottes coupées en fines rondelles
2 filets de poulet coupés en petits morceaux
200 g de haricots verts
de la baguette pour accompagner

1. Égouttez les champignons pour retirer le plus d'eau possible. Réservez ensuite le liquide de trempage.
2. Dans un récipient, mélangez ce liquide au bouillon de poule. Portez à ébullition, puis plongez-y les pipe rigate. À la reprise de l'ébullition, baissez le feu et laissez cuire à petits bouillons.
3. Au bout de 5 minutes environ, ajoutez les carottes et les haricots.
4. Faites cuire pendant 2 minutes supplémentaires, puis incorporez les morceaux de poulet. Laissez mijoter jusqu'à ce que le poulet soit cuit et que les pâtes soient al dente.
5. Répartissez votre minestrone dans des assiettes creuses et servez accompagné de tranches de baguette.

Les *funghi porcini* séchés (équivalent des cèpes français) font partie des ingrédients de base de la cuisine italienne. Leur saveur et leur parfum, intenses et un peu âcres, rencontrent un grand succès !

Soupe au chou et au pesto

2 cuill. à soupe d'huile d'olive
1 poireau coupé en rondelles
2 gousses d'ail écrasées
2 pommes de terre épluchées et coupées en dés
1 l de bouillon de légumes
100 g de gramigna
1 chou pointu (ou tout autre chou de printemps coupé en lamelles)
3 cuill. à soupe de pesto (voir la recette p. 82)
des tranches de baguette grillées pour accompagner

1. Dans une grande poêle, faites chauffer l'huile et faites-y revenir le poireau, l'ail et les morceaux de pommes de terre pendant 1 minute environ, en remuant sans cesse. Ne laissez pas brunir le mélange.
2. Versez le bouillon de légumes et portez à ébullition. Plongez-y les pâtes, puis baissez le feu. Laissez cuire à petits bouillons pendant quelques minutes.
3. Ajoutez le chou et le pesto, puis faites cuire pendant 1 minute supplémentaire (ou jusqu'à ce que les pâtes soient al dente).
4. Servez la soupe accompagnée de tranches de baguette grillées.

Pour cette recette, il faut une variété spécifique de chou. Ce chou est connu sous le nom de chou pointu, chou de printemps ou encore chou « cœur de bœuf ». Plus doux et plus raffiné que nos habituels choux blancs ou rouges, il est également délicieux en salade. Pour le préparer, retirez les feuilles extérieures (trop dures) et le trognon (la partie dure du centre). Lavez le chou et coupez-le en lamelles.

Soupe de légumes grillés et pipe rigate

500 g de tomates coupées en 2
1 poivron rouge coupé grossièrement
1 gros oignon rouge coupé grossièrement
1 piment rouge coupé en 2 dans le sens de la longueur et épépiné
½ carotte coupée en morceaux
2 gousses d'ail hachées
1 cuill. à soupe d'huile d'olive
1 l de bouillon de légumes
100 g de pipe rigate
1 petite poignée de basilic finement haché

1. Préchauffez le four à 200 °C (thermostat 6)
2. Dans un plat, étalez les tomates, le poivron, l'oignon, le piment, la carotte et l'ail sur une seule couche, et arrosez d'huile. Faites griller les légumes pendant 30 minutes sous le gril du four. Retournez-les au bout de 15 minutes.
3. Broyez les légumes à l'aide d'un mixeur. Passez-les ensuite au tamis, en mélangeant sans cesse.
4. Dans un récipient, mélangez le bouillon et les légumes. Portez à ébullition.
5. Plongez-y les pipe rigate, baissez le feu et faites-les cuire à petits bouillons jusqu'à ce qu'elles soient al dente.
6. Juste avant de servir, parsemez de basilic. Servez chaud.

Soupe de poulet aux capelli d'angelo

1 l de bouillon de poule
1 oignon émincé
le blanc d'un poireau coupé en demi-rondelles
1 petite poignée de feuilles de céleri finement émincées
100 g de capelli d'angelo (cheveux d'ange)
200 g de poulet cuit et coupé en petits morceaux

1. Portez le bouillon de poule à ébullition, puis ajoutez l'oignon, le poireau, les feuilles de céleri et les pâtes. Baissez le feu et laissez cuire à petits bouillons pendant quelques minutes, en remuant de temps en temps.
2. Incorporez la viande de poulet et servez votre soupe dans des petits bols.

Le poireau *(allium porrum)* fait partie de la même famille que les oignons et l'ail (l'ail éléphant est d'ailleurs plutôt une sorte de poireau). Il existe différentes variétés de poireaux selon les saisons. Les poireaux d'été sont plus fins et plus clairs que ceux d'automne ou d'hiver. Plus les poireaux sont plantés profondément en terre, plus la partie blanche (la partie comestible) est importante.

Soupe aux champignons et aux conchiglie rigate

1 l de bouillon de légumes
10 cl de Xérès sec
250 g d'un mélange de champignons au choix (champignons de Paris, cèpes, girolles, etc.) nettoyés
200 g de conchiglie rigate
1 petite poignée de persil frais haché
des tranches de baguette grillées pour accompagner

1. Portez le bouillon à ébullition, puis versez le Xérès.
2. Pendant que le bouillon chauffe, retirez les pieds des champignons.
3. Ajoutez au bouillon les pieds de champignons et faites mijoter à feu doux pendant 5 minutes environ.
4. Filtrez la soupe, puis portez à nouveau à ébullition.
5. Faites cuire les conchiglie rigate al dente dans la soupe.
6. Ajoutez les chapeaux des champignons et le persil quelques minutes avant que les pâtes soient cuites.
7. Répartissez la soupe dans des assiettes creuses et servez accompagnée de tranches de baguette grillées.

Les champignons frais ne se gardent que quelques jours dans le bac à légumes de votre réfrigérateur. Conservez-les dans un linge ou dans du papier absorbant. Surtout ne les laissez jamais dans un plastique fermé car ils ont besoin d'air pour ne pas s'oxyder.

Les herbes aromatiques

Les herbes aromatiques abondent en Italie : dans les champs, dans les jardins, en jardinières... Leurs parfums, leurs goûts et leurs couleurs uniques relèvent la saveur de n'importe quel plat. Que seraient les pâtes sans herbes aromatiques ?

Le persil (*prezzemolo*)

Le persil frais est un ingrédient essentiel dans de nombreuses recettes de pâtes. On utilise souvent ses feuilles fraîchement hachées pour parsemer un plat avant de le servir, ajoutant une note de couleur et une touche de fraîcheur. Ne jetez pas les tiges : ajoutez-les à la sauce, elles en rehausseront le goût. Généralement, lorsque vous voyez du persil dans la liste des ingrédients d'une recette italienne, il s'agit de persil plat, plus épais et plus intense en goût que le persil frisé.

Le laurier sauce (*alloro*)

Bien souvent, ces feuilles aromatiques sont utilisées dans des sauces à cuisson lente, qui nécessitent de mijoter un certain temps. Avec sa saveur raffinée, le laurier compense le côté un peu rustique des viandes en sauce comme le *ragù alla bolognese*. C'est lorsqu'il est frais qu'il révèle vraiment toute sa puissance. Les italiens font souvent pousser du laurier dans leur jardin. Ainsi, ils en ont toujours sous la main ! Si vous ne trouvez pas de laurier frais, les feuilles séchées conviendront aussi très bien.

Le romarin (*rosmarino*)

Cette herbe délicieuse s'utilise plus souvent dans les plats de viande comme les rôtis. On la retrouve moins dans les sauces pour pâtes. On ajoute parfois quelques branches de romarin dans les sauces mijotées. Comme pour le laurier, il est conseillé de retirer les branches de romarin avant de servir. Les jeunes feuilles tendres peuvent être finement hachées et ajoutées dans les sauces tomate ou aux herbes.

La sauge (*salvia*)

La sauce *burro e salvia* est un classique. Rapide à faire et très savoureuse, elle accompagne très bien les gnocchi et les ravioli farcis à la ricotta. Cette sauce se compose tout simplement de beurre fondu encore chaud parfumé aux feuilles de sauge.

L'origan (*origano*)

Cette herbe aromatique est quasiment la seule à être utilisée aussi bien fraîche que séchée. C'est l'aromate que l'on parsème sur les pizza, dans les sauces aux légumes grillés et dans un grand nombre de sauces tomate.

La roquette (*rucola*)

Les feuilles de roquette, délicieusement poivrées et au goût de noisette, s'utilisent crues car elles perdent toute leur saveur à la cuisson. La roquette remplace souvent le basilic dans la recette du pesto.

Le basilic (*basilico*)

La cuisine italienne est inconcevable sans basilic. Cet aromate, connu pour être l'ingrédient principal du *pesto alla genovese*, joue un rôle primordial dans des milliers de recettes de pâtes. Tout comme le persil, quelques feuilles de basilic sont généralement déposées au-dessus du plat avant de servir. Il peut également être cuit brièvement avec les autres ingrédients.

Pasta alle erbe

Faites revenir un oignon et un peu d'ail avec une noisette de beurre, puis ajoutez une petite poignée de chacune des herbes citées ci-dessus, finement hachées (sauf pour le laurier, mettez une feuille entière). Faites revenir les herbes brièvement, puis incorporez une dose généreuse de vin blanc sec. Laissez mijoter pendant 2 minutes, puis versez un peu de bouillon et faites mijoter à nouveau. Ôtez la feuille de laurier et jetez-la. Nappez vos pâtes fraîches de cette sauce aux herbes.

Les italiens ont-ils des habitudes alimentaires si différentes des nôtres ? Ce qui diffère surtout, c'est qu'en Italie, les pâtes sont servies juste avant le plat de résistance et non en accompagnement. Le cuisinier utilise des ingrédients simples pour réaliser une recette savoureuse. Elle peut aussi être dégustée comme un plat à part entière. C'est la raison pour laquelle il existe tant de recettes végétariennes très faciles à réaliser. La viande vient en général après,

Les pâtes aux légumes et aux herbes aromatiques fraîches

dans le plat de résistance. Pour préparer un plat de pâtes ordinaire, nul besoin d'utiliser des ingrédients très chers : une simple sauce aux tomates fraîches et aux herbes aromatiques, quelques légumes revenus dans de l'huile d'olive, une poignée de fromage râpé ou quelques olives et voilà un délicieux *primo*. Les pâtes sont si nourrissantes et savoureuses, même lorsqu'elles ne sont pas accompagnées de viande ou de poisson, qu'elles sont devenues très populaires aujourd hui en tant que plat principal. Il existe une règle d'or : moins vous utilisez d'ingrédients et plus ils doivent être d'excellente qualité. Le temps économisé en cuisine devra être employé pendant les courses pour choisir de belles tomates bien mûres, des légumes frais (bio de préférence), du fromage affiné à râper chez vous et, bien sûr, une huile d'olive de qualité.

Lasagnette aux pomodorini et à l'ail

1 barquette de 500 g de pomodorini (tomates cerises) coupées en 2
16 gousses d'ail coupées en 2
8 cuill. à soupe d'huile d'olive
400 g de lasagnette
sel, poivre

1. Préchauffez le four à 180 °C (thermostat 6).
2. Dans un plat, déposez les demi-tomates et l'ail que vous arroserez d'huile d'olive. Salez et poivrez. Faites cuire pendant 25 minutes environ.
3. Un peu avant la fin de la cuisson, faites cuire les lasagnette al dente dans un grand volume d'eau bouillante salée.
4. Égouttez les pâtes, ajoutez-les dans le plat et mélangez-les avec les tomates et l'ail. Répartissez ensuite dans 4 assiettes creuses. Servez immédiatement.

Lorsqu'il est cuit au four, l'ail prend une texture douce et un goût étonnamment agréable. Il peut donc être largement utilisé dans vos recettes. Pour le préparer, faites cuire une tête d'ail entière pendant 1 heure et demie à chaleur moyenne. Retirez ensuite du four et coupez la tête en deux. Ouvrez les gousses pour récupérer la chair d'ail confite à l'aide d'un couteau à beurre et tartinez ensuite vos bruschetta, etc.

Tagliatelle à l'huile d'olive, au persil et au citron

400 g de tagliatelle
1 petite poignée de persil haché
le zeste et le jus d'un citron
4 cuill. à soupe d'huile d'olive
4 cuill. à soupe de pignons de pin grillés à la poêle à feu très doux
sel de mer et poivre noir

1. Faites cuire les tagliatelle al dente dans un grand volume d'eau bouillante salée.
2. Pendant ce temps, mixez le persil, le zeste et le jus du citron, et l'huile d'olive. Salez avec le sel de mer et poivrez selon votre goût.
3. Égouttez les tagliatelle, puis mélangez-les à l'huile au persil et au citron et aux pignons de pin.
4. Répartissez dans des assiettes et servez immédiatement.

Fusilli tricolores aux fleurs de courgettes

20 cl de bouillon de légumes
10 cl de vin blanc sec
20 cl de crème légère
100 g de tomates séchées coupées en tranches fines
6 petites courgettes avec leurs fleurs
1 cuill. à soupe d'huile d'olive
1 gousse d'ail hachée
400 g de fusilli tricolores
sel

1. Faites mijoter le bouillon de légumes, le vin et la crème, et faites réduire le tout de moitié. Ajoutez les tomates 2 minutes avant la fin du mijotage.
2. Mixez la sauce.
3. Coupez les fleurs de courgettes en lamelles larges et les courgettes en lamelles fines.
4. Faites chauffer l'huile d'olive dans une poêle et faites-y revenir l'ail et les courgettes jusqu'à ce qu'ils deviennent tendres. Incorporez-les à la sauce, puis ajoutez délicatement les fleurs. Réservez-en quelques-unes pour la décoration.
5. Faites cuire les pâtes al dente dans un grand volume d'eau bouillante salée. Égouttez-les et mélangez-les à la sauce.
6. Répartissez dans des assiettes et décorez de quelques fleurs. Servez immédiatement.

✓ Spaghetti aux olives, aux tomates et à la roquette

400 g de spaghetti
50 g d'olives vertes dénoyautées
50 g d'olives noires dénoyautées
4 tomates coupées chacune en 6 morceaux
1 petite poignée d'origan frais finement émincé
1 petite poignée de basilic frais finement émincé
50 g de roquette grossièrement coupée
2 cuill. à soupe de vinaigre balsamique
2 cuill. à soupe d'huile d'olive
sel de mer et poivre du moulin

1. Faites cuire les spaghetti al dente dans un grand volume d'eau bouillante salée.
2. Pendant ce temps, mixez les olives, les tomates, l'origan, le basilic et la roquette. Arrosez d'huile d'olive et de vinaigre balsamique, puis salez et poivrez avec le sel de mer et le poivre du moulin.
3. Égouttez les spaghetti et répartissez-les dans des assiettes. Déposez la préparation aux olives par-dessus et servez tiède.

La rucola, ou roquette, porte bien son nom : cette plante pousse à la vitesse d'une fusée. La roquette est cultivée dans les pays méditerranéens depuis des siècles. Une bonne roquette possède de longues feuilles aromatiques à la saveur poivrée et légèrement amère. Avec elle, pas de demi-mesure : on l'adore ou on la déteste !

✓ Spaghetti aux tomates fraîches

1 cuill. à soupe d'huile d'olive
1 gros oignon haché
1 gousse d'ail hachée
1 carotte coupée en petits morceaux
1 branche de céleri coupée en petits morceaux
1 petite poignée de persil finement haché (prévoir un supplément pour la décoration)
2 cuill. à soupe de concentré de tomates
500 g de tomates mûres épépinées et coupées en dés (prévoir quelques tranches pour la décoration)
400 g de spaghetti
50 g de parmesan coupé en tranches très fines à l'aide d'un coupe-fromage
sel, poivre

1. Faites chauffer l'huile d'olive dans une poêle et faites-y revenir l'oignon et l'ail jusqu'à ce qu'ils deviennent translucides. Ajoutez la carotte, le céleri, le persil finement haché et faites revenir le tout pendant 1 minute supplémentaire.
2. Incorporez le concentré et les dés de tomates, et laissez cuire pendant 5 minutes. Salez et poivrez à votre convenance. Réduisez le feu et laissez mijoter pendant 30 minutes, en remuant de temps en temps.
3. Peu avant la fin de la cuisson de la sauce, faites cuire les spaghetti al dente dans un grand volume d'eau bouillante salée.
4. Égouttez les pâtes, répartissez-les dans des assiettes creuses et versez la sauce tomate par-dessus. Décorez de tranches de tomates et parsemez de parmesan et de persil. Servez immédiatement.

Le persil est un diurétique, il stimule la circulation sanguine et contient une grande quantité de vitamine C.

Tagliatelle aux cœurs d'artichauts et aux câpres

400g de tagliatelle
1 courgette coupée en petits morceaux
1 cuill. à soupe d'huile d'olive
1 oignon émincé
2 gousses d'ail hachées
10 cl de bouillon de légumes
1 petite poignée de ciboulette ciselée
1 petite poignée de persil finement haché
1 petite poignée d'origan finement haché
1 boîte de cœurs d'artichauts (400 g) coupés en 4
1 cuill. à soupe de câpres
75 g de parmesan coupé très finement à l'aide d'un coupe-fromage
sel

1. Faites cuire les tagliatelle al dente dans un grand volume d'eau bouillante salée.
2. Pendant ce temps, faites cuire séparément les morceaux de courgette dans de l'eau bouillante pendant 2 minutes environ. Retirez-les ensuite de la casserole et passez-les au mixeur.
3. Faites chauffer l'huile d'olive dans une poêle et faites-y revenir l'oignon et l'ail jusqu'à ce qu'ils soient translucides. Ajoutez la purée de courgette, le bouillon de légumes, la ciboulette, le persil et l'origan, et mélangez bien le tout. Incorporez ensuite les cœurs d'artichauts et les câpres.
4. Égouttez les tagliatelle et répartissez-les dans des assiettes creuses ou plates. Déposez de la sauce aux artichauts par-dessus et parsemez de parmesan. Servez immédiatement.

Les artichauts font partie de la famille des chardons et sont cultivés pour leurs capitules (têtes) comestibles. *Carciofi alla romana* est une célèbre recette italienne d'artichauts. Les artichauts frais sont farcis avec une préparation à l'ail, aux feuilles de menthe, à l'huile d'olive et à la chapelure, puis ils sont cuits au four.

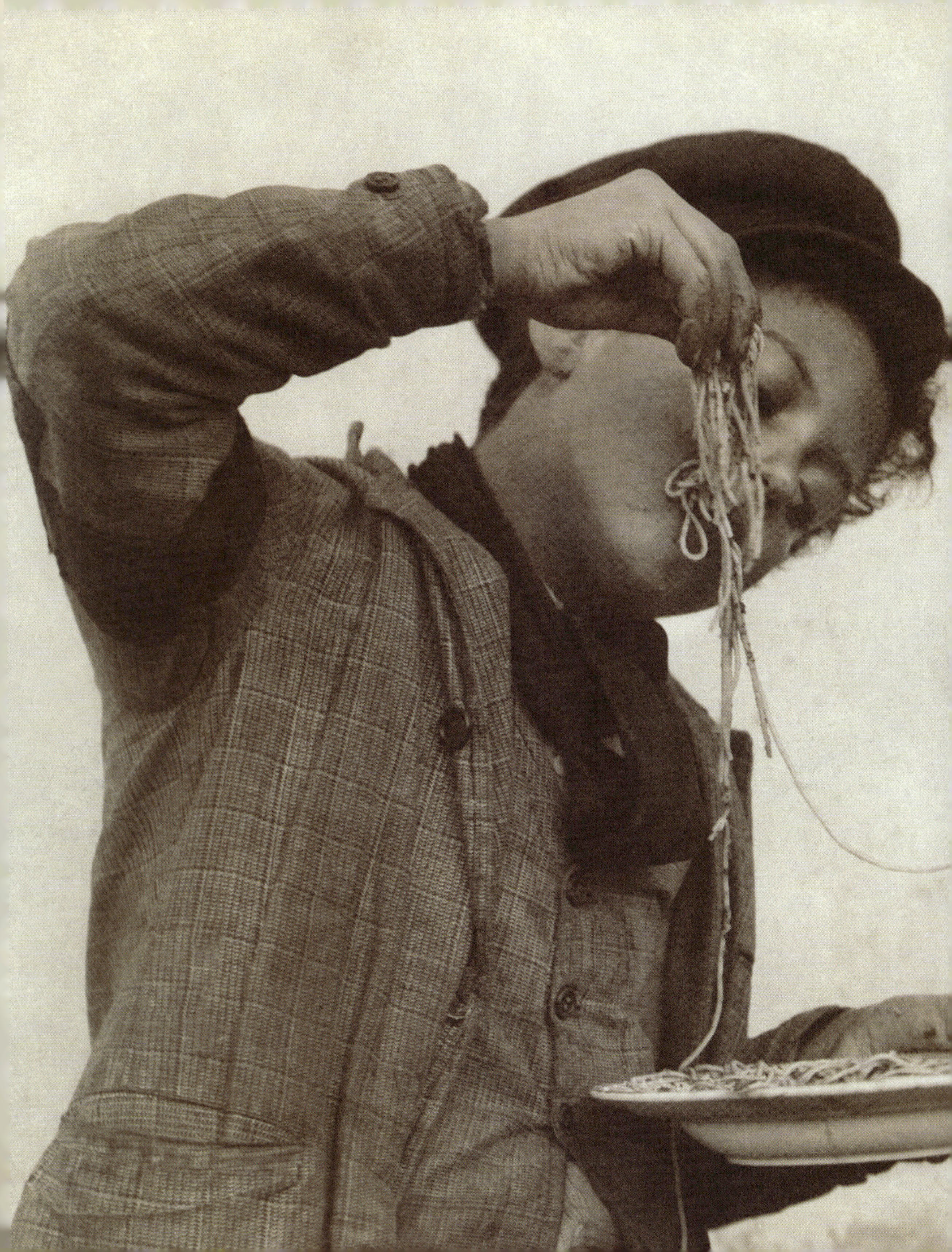

Lasagne aux champignons

1. Préchauffez le four à 180 °C (thermostat 6).
2. Faites fondre le beurre pour la béchamel dans une casserole. Laissez-le chauffer jusqu'à ce qu'il mousse. Versez alors la farine, puis battez la préparation au fouet. Continuez de fouetter jusqu'à obtention d'un mélange lisse et ferme (appelé roux). Cette étape peut prendre plusieurs minutes. Le roux ne doit ni coller ni griller et il doit prendre une couleur légèrement dorée (pas trop foncée).
3. Retirez la casserole du feu et versez-y le lait chaud petit à petit. Remuez sans cesse pour éviter la formation de grumeaux. Faites de nouveau chauffer la casserole, ajoutez du sel, du poivre et de la muscade selon votre goût. Faites cuire la béchamel pendant 5 minutes environ, en remuant sans cesse. Retirez la casserole du feu et réservez-la.
4. Dans une poêle, faites chauffer l'huile d'olive, puis faites revenir tous les champignons et l'oignon à feu vif, en remuant de temps en temps. Ajoutez l'ail et faites revenir pendant 1 minute supplémentaire.
5. Incorporez la crème, les œufs, le persil et la moitié de la sauce béchamel dans la préparation aux champignons, puis salez et poivrez selon votre goût.
6. Dans un plat préalablement graissé, déposez une couche de sauce aux champignons. Recouvrez-la ensuite de feuilles de lasagne, puis déposez à nouveau une couche de sauce et continuez ainsi jusqu'à ce que le plat soit rempli, en terminant par une couche de sauce. Versez le reste de béchamel par-dessus la dernière couche et parsemez de parmesan râpé. Faites cuire les lasagne pendant 30 minutes environ (ou jusqu'à obtention d'une couleur dorée).

Les deux variétés de persil les plus répandues sont le persil frisé et le persil plat, ou persil de Naples. Celui-ci a une teneur en eau élevée et contient beaucoup d'huiles essentielles, ce qui lui confère une saveur puissante et raffinée.

1 cuill à soupe d'huile d'olive (en prévoir un peu plus pour graisser le plat)
100 g de champignons shiitake
200 g de champignons de Paris blancs coupés en tranches
100 g de champignons de Paris blonds coupés en tranches
100 g de pleurotes en forme d'huîtres coupés en morceaux de taille moyenne
1 oignon haché
1 gousse d'ail hachée
10 cl de crème légère
2 œufs battus
1 petite poignée de persil haché
1 paquet de feuilles de lasagne (500 g), précuites si nécessaire (la plupart des marques ne requièrent pas de précuisson)
100 g de parmesan râpé
sel, poivre

Pour la sauce béchamel :
60 g de beurre
60 g de farine de blé
1 l de lait chaud
1 pincée de muscade en poudre
sel, poivre

Pappardelle aux tomates séchées et aux pignons de pin

400 g de pappardelle
2 cuill. à soupe d'huile d'olive
2 gousses d'ail hachées
4 cuill. à soupe de tomates séchées à l'huile coupées en lamelles
1 boîte de cœurs d'artichauts (400 g) coupés en 2
1 poignée de basilic frais haché
100 g de parmesan râpé
2 cuill. à soupe de pignons de pin grillés à la poêle à feu très doux
sel, poivre du moulin

1. Faites cuire les pappardelle al dente dans un grand volume d'eau bouillante salée.
2. Pendant ce temps, faites chauffer l'huile d'olive dans une grande poêle et faites-y revenir l'ail. Ajoutez les tomates séchées et continuez la cuisson pendant 1 minute supplémentaire, en remuant sans cesse.
3. Égouttez les pappardelle et mélangez-les aux tomates. Faites-les revenir avec les cœurs d'artichauts, le basilic, le parmesan et les pignons de pin. Salez et poivrez à votre convenance.
4. Répartissez dans des assiettes plates ou creuses et servez immédiatement.

De toutes les graines et les noix, ce sont les pignons de pin qui ont la plus grande teneur en protéines, avec 31 g pour 100 g de pignons.

Perciatelli à la sauce tomate épicée

1 boîte de tomates italiennes pelées (400 g)
3 cuill. à soupe d'huile d'olive
1 oignon haché
1 carotte finement émincée
1 branche de céleri finement émincée
2 gousses d'ail épluchées
1 piment rouge haché préalablement épépiné ou non (selon la force du piment désirée)
2 cuill. à soupe d'herbes aromatiques hachées (basilic, persil, origan et thym)
400 g de perciatelli
sel, poivre

1. Coupez les tomates en gros morceaux et laissez égoutter l'excès de jus.
2. Faites chauffer l'huile dans une grande poêle et faites-y revenir l'oignon, la carotte et le céleri jusqu'à ce que l'oignon soit translucide. Ajoutez l'ail épluché et le piment, et laissez cuire pendant 1 minute supplémentaire.
3. Incorporez les tomates et les herbes dans la préparation aux légumes, puis salez et poivrez selon votre goût. Laissez mijoter à feu doux pendant 20 minutes environ, en remuant de temps en temps.
4. Peu avant la fin de la cuisson, faites cuire les perciatelli al dente dans un grand volume d'eau bouillante salée.
5. Filtrez la sauce tomate à l'aide d'un tamis, égouttez les pâtes et faites-les revenir avec la sauce.
6. Répartissez dans des assiettes creuses et servez immédiatement.

C'est arrivé à tout le monde au moins une fois : se frotter les yeux alors que l'on vient de hacher du piment et ressentir une intense sensation de brûlure. Voilà une astuce pour éviter ce petit désagrément : frottez-vous les mains avec de l'huile d'olive avant de toucher n'importe quel piment. Vous pouvez aussi vous envelopper les mains d'un sac plastique.

Paglia e fieno au pesto rouge

400 g de paglia e fieno
75 g de pignons de pin grillés à la poêle à feu très doux
150 g de tomates séchées
4 cuill. à soupe d'huile d'olive
sel

1. Faites cuire les pâtes al dente dans un grand volume d'eau bouillante salée.
2. Pour le pesto rouge, broyez les pignons et les tomates séchées dans un mixeur ou écrasez-les dans un mortier. Ajoutez l'huile d'olive à la fin et mélangez bien.
3. Incorporez délicatement le pesto aux pâtes et répartissez dans 4 assiettes. Servez immédiatement.

Vous n'avez ni mixeur ni mortier ? Vous souhaitez gagner du temps ? Optez pour un pesto déjà prêt de bonne qualité. Mélangez-le directement à vos pâtes al dente e presto… *buon appetito!*

Farfalle à la sauce verte

400 g de farfalle
10 cl de bouillon de légumes
100 g de haricots verts lavés et coupés en petits morceaux
100 g de pois mange-tout coupés en petits morceaux
1 piment rouge épépiné et coupé en fines lamelles
1 poignée de persil haché
1 poignée de basilic haché
sel, poivre du moulin

1. Faites cuire les farfalle al dente dans un grand volume d'eau bouillante salée.
2. Pendant ce temps, versez le bouillon dans une casserole et portez à ébullition. Ajoutez les haricots, les pois et le piment, puis réduisez le feu et laissez mijoter pendant quelques minutes ou jusqu'à ce que les légumes deviennent légèrement tendres. Salez et poivrez à votre convenance.
3. Égouttez les farfalle. Incorporez les herbes dans la sauce verte, puis faites revenir les pâtes avec la sauce.
4. Répartissez dans des assiettes plates ou creuses et servez immédiatement.

Bien qu'aujourd'hui les haricots verts frais soient disponibles toute l'année, il faut savoir qu'en France, leur culture s'échelonne de juin à octobre. Plus tôt, ce sont les variétés cultivées sous serres qui sont disponibles et après octobre, ce sont des variétés importées du Kenya, d'Égypte, d'Espagne et d'Italie.

Macaroni aux aubergines et à la mozzarella

2 cuill. à soupe d'huile d'olive
1 gousse d'ail grossièrement hachée
2 aubergines coupées en petits dés
4 tomates épépinées et coupées en petits dés
1 petite poignée de basilic grossièrement haché
400 g de macaroni
2 boules de mozzarella coupées en petits dés
sel

1. Faites chauffer l'huile d'olive dans une grande poêle et faites-y revenir l'ail à feu doux pendant 1 minute environ. Ajoutez les dés d'aubergines et faites revenir pendant 5 minutes supplémentaires à feu moyen, en remuant sans cesse pour éviter que le mélange n'accroche.
2. Incorporez les tomates et le basilic.
3. Faites cuire les macaroni al dente dans un grand volume d'eau bouillante salée.
4. Égouttez les pâtes et répartissez-les dans 4 assiettes. Ajoutez les dés de mozzarella à la préparation aux aubergines et versez le tout sur les pâtes. Servez immédiatement.

D'un point de vue strictement botanique, l'aubergine est un fruit et non un légume. On compte un nombre infini de variétés d'aubergines, la meilleure étant celle qui réunit plusieurs caractéristiques, à savoir un goût plutôt doux et légèrement fumé, associé à une texture spongieuse lorsqu'elle est crue, qui se transforme en texture veloutée et douce à la cuisson. Choisissez toujours des aubergines fermes, brillantes et lourdes.

Tagliatelle aux légumes de printemps

400 g de tagliatelle
3 cuill. à soupe d'huile d'olive
1 oignon haché
1 gousse d'ail hachée
1 piment doux coupé en dés
250 g de pois mange-tout blanchis (plongés dans de l'eau bouillante pendant 2 à 3 minutes, puis égouttés et aussitôt rincés sous l'eau froide)
1 petite courgette coupée en demi-rondelles
125 g de champignons de Paris coupés en tranches
1 petite poignée de persil haché
2 gouttes de Tabasco
2 cuill. à soupe de pignons de pin grillés à la poêle à feu très doux
sel

1. Faites cuire les tagliatelle al dente dans un grand volume d'eau bouillante salée.
2. Pendant ce temps, faites chauffer l'huile d'olive dans une grande poêle profonde et faites-y rapidement revenir l'oignon et l'ail. Ajoutez le piment et les pois mange-tout, puis faites revenir pendant 1 minute supplémentaire.
3. Incorporez la courgette, les champignons, le persil et le Tabasco, et faites mijoter pendant 1 minute à feu doux.
4. Égouttez les tagliatelle et mélangez-les aux légumes. Faites bien réchauffer le tout et répartissez dans des assiettes. Parsemez de pignons de pin et servez immédiatement.

Les *pasta primavera* ne sont pas une recette typiquement italienne, mais une invention italo-américaine des années 1970. Bien qu'il y ait eu un plat appelé *lasagne primavera* en Italie, la recette de pâtes aux légumes, aujourd'hui célèbre, fut inventée par Sirio Maccioni, célèbre restaurateur à New York. La recette fit sensation parmi les gourmets de Manhattan qui sont pourtant, comme chacun le sait, les plus difficiles à contenter !

Les charcuteries italiennes

Chaque région d'Italie a ses propres spécialités de charcuterie. Lorsque vous réalisez une recette traditionnelle, essayez toujours d'utiliser du jambon, du lard ou de la saucisse artisanale. Vous verrez la différence !

Voici les plus célèbres :

La pancetta

La *pancetta*, un peu comme le lard, est un morceau de poitrine de porc. Ce nom fait souvent référence à la variété roulée de pancetta (*pancetta arrotolata*) qui donne des tranches rondes. Elle est salée, mais pas fumée. La pancetta fumée (*pancetta affumicata*) n'est pas roulée et les tranches sont de forme allongée. Des tranches de pancetta coupées très fines peuvent composer un excellent *antipasto*. Si vous souhaitez l'utiliser dans une sauce pour pâtes (pour la carbonara par exemple), demandez au boucher de découper des tranches plus épaisses que d'habitude pour pouvoir ensuite les couper en petits dés ou en lamelles.

Le lardo et le speck

Nul besoin de parler italien pour comprendre ce que *lardo* veut dire : il s'agit de lard, mais sans la viande, c'est-à-dire seulement le gras. Le *speck* du Tyrol du Sud ressemble au lard : il est salé, fumé, puis séché.

Le salami

Cette saucisse de porc salée et séchée est fabriquée dans toute l'Italie. Le *salami* est souvent aromatisé avec de l'ail, comme le *salame Milano*, mais d'autres types d'assaisonnements sont également utilisés. Le *finocchiona*, salami de Toscane, est préparé avec des graines de fenouil et du poivre, le *salame di Felino* de la région de Parme est fabriqué avec de l'ail et du vin blanc, et le *salame sardo* contient, quant à lui, du poivron rouge et des épices.

Le jambon de Parme

Pour fabriquer ce jambon, des cochons italiens rigoureusement sélectionnés sont élevés avec amour et nourris aux céréales et au petit-lait, le liquide résiduel issu de la production du parmesan. Seule la partie charnue des pattes postérieures est utilisée. Le maître saleur frotte le jambon avec du sel de mer avant de l'accrocher pour l'affinage dans des pièces à grandes fenêtres. L'air extérieur permet ainsi de faire sécher la viande. L'affinage dure au moins un an avant que le jambon puisse obtenir sa « couronne », c'est-à-dire la marque au fer rouge garantissant qu'il s'agit d'un vrai *prosciutto di Parma*.

Le San Daniele

Encore plus raffiné que le jambon de Parme, le *prosciutto crudo* (jambon séché) est produit dans la ville de San Daniele en Lombardie. Les cochons sont élevés à l'extérieur et nourris aux glands, ce qui donne à la viande un goût unique.

La bresaola

Il s'agit de bœuf séché et salé, spécialité des Alpes. La meilleure *bresaola* est fabriquée à partir de filet de bœuf.

L'image romantique que nous pouvons avoir de l'Italie, où les gens cultivent eux-mêmes leurs fruits et légumes, préparent tous leurs plats à partir d'ingrédients frais et produisent même leur propre viande, s'avère être la réalité dans beaucoup de villages. Les poulets et les oies qui se promènent librement dans les fermes donnent les œufs pour les pâtes et la viande pour le *ragù*. En Ombrie, une loi autorise les habitants à élever des cochons et à les abattre pour leur viande. Nombreux sont ceux qui ont recours à cette pratique, et chaque partie de l'animal est utilisée. Toutes les régions italiennes ont leurs propres spécialités : le fameux jambon de Parme et autres *prosciutto crudo* (jambon séché), *pancetta* (lard non fumé), *coppa* (jambon séché et salé obtenu à partir des pièces de viande les moins savoureuses) et toutes sortes de *salami*. La quantité de viande utilisée dans une sauce pour pâtes est en général

Les pâtes à la viande

assez raisonnable. Il s'agit en effet d'un ingrédient destiné à accompagner les pâtes et non de l'ingrédient principal. La viande est généralement hachée ou coupée en petits morceaux, ce qui lui permet de mieux adhérer aux pâtes. La sauce la plus célèbre est le *ragù* : ce terme générique fait référence à tout type de sauce lentement mijotée et composée de viande hachée et de sauce tomate. Toutes les régions ont leur propre variante de *ragù*, à commencer par Bologne bien sûr. La sauce bolognaise est préparée à partir d'un mélange de bœuf et de porc. Des *ragù* similaires sont faits à base de mouton dans le Sud et avec du gibier en Toscane. La viande en gros morceaux est meilleure accompagnée de pâtes courtes ou larges qui permettront de retenir la viande. Dans certaines recettes modernes, la viande est disposée en tranches sur un lit de pâtes et de sauce, et ce plat est servi en plat principal.

Tagliatelle vertes au poulet et au vin blanc

2 cuill. à soupe d'huile d'olive
2 filets de poulet coupés en petits morceaux
1 petite courgette coupée en petits dés
1 petite poignée de thym frais finement haché (réservez ½ cuill. à soupe de thym grossièrement haché pour la décoration)
1 petite poignée de basilic finement haché
10 cl de bouillon de poule
10 cl de vin blanc sec
20 cl crème fraîche
400 g de tagliatelle verdi all'uovo
sel, poivre

1. Dans une grande poêle, faites revenir les morceaux de poulet dans l'huile chaude, jusqu'à ce qu'ils soient bien dorés. Salez et poivrez.
2. Ajoutez la courgette, le thym et le basilic, puis faites revenir le tout pendant 1 minute supplémentaire, en remuant sans cesse.
3. Dans une autre poêle, versez le bouillon de poule, le vin et la crème. Mélangez bien et portez à ébullition. Baissez le feu et laissez mijoter à petits bouillons pendant 15 minutes.
4. Faites cuire les tagliatelle al dente dans un grand volume d'eau bouillante salée.
5. Incorporez la préparation au poulet et aux courgettes dans la sauce au vin blanc. Salez et poivrez selon votre goût.
6. Égouttez les tagliatelle et mélangez-les à la sauce. Répartissez dans des assiettes et parsemez de thym. Servez.

Plus une courgette est petite, plus sa saveur est intense. Les grosses courgettes, souvent cultivées hors sol, ont généralement moins de goût que celles qui ont été cultivées en pleine terre.

Pipe rigate au bœuf en ragoût et au jambon San Daniele

2 cuill. à soupe d'huile d'olive
1 oignon haché
100 g de San Daniele (ou jambon de Parme) coupé en lamelles
500 g de bœuf à braiser coupée en gros dés
1 bonne poignée de persil frais haché
½ carotte coupée en rondelles
1 branche de céleri coupée finement
20 cl de vin rouge
4 tomates épépinées et coupées en dés
du bouillon de bœuf (facultatif)
400 g de pipe rigate
sel, poivre

1. Dans une poêle, faites chauffer 1 cuillère à soupe d'huile et faites-y revenir l'oignon avec le jambon à feu moyen, jusqu'à ce que l'oignon soit translucide.
2. Dans une deuxième poêle, faites chauffer le reste d'huile et saisissez la viande de bœuf jusqu'à ce qu'elle soit bien grillée de tous les côtés. Salez et poivrez.
3. Mélangez l'oignon et le jambon à la viande de bœuf. Ajoutez le persil, la carotte et le céleri, puis le vin rouge et les morceaux de tomates. Couvrez et laissez cuire à l'étouffée jusqu'à évaporation complète du liquide et jusqu'à ce que la viande soit bien cuite (soit 1 heure environ). Si vous trouvez que la viande devient sèche, ajoutez un peu de bouillon de bœuf.
4. Faites cuire les pipe rigate al dente dans un grand volume d'eau bouillante salée.
5. Égouttez les pâtes et mélangez-les à la préparation à la viande. Servez immédiatement.

Tagliatelle au bœuf et à l'huile à la truffe

400 g de tagliatelle
2 cuill. à soupe d'huile d'olive
1 petit chou pointu (ou autre chou de printemps coupé en fines lamelles)
1 cuill. à soupe de beurre
400 g de filet de bœuf coupé en lamelles
100 g de champignons shiitake
sel, poivre

Pour la sauce à la truffe :
4 cuill. à soupe de lait
1 cuill. à soupe d'huile à la truffe
2 cuill. à soupe de pecorino râpé

1. Commencez par préparer la sauce à la truffe. Faites chauffer le lait dans une petite casserole, puis retirez du feu et incorporez l'huile à la truffe et le pecorino râpé, tout en remuant bien.
2. Faites cuire les tagliatelle al dente dans un grand volume d'eau bouillante salée.
3. Pendant ce temps, faites chauffer 1 cuillère à soupe d'huile dans un wok ou une grande poêle profonde. Faites-y sauter les lamelles de chou pendant 1 minute. Versez la sauce aux truffes et retirez du feu.
4. Égouttez les tagliatelle et mélangez-les à la sauce.
5. Dans une autre poêle, faites chauffer le reste d'huile et le beurre à feu vif. Faites revenir les lamelles de bœuf pendant 1 minute environ, ou jusqu'à ce qu'elles soient bien grillées. Ajoutez les shiitake et faites cuire pendant 1 minute supplémentaire. Salez et poivrez.
6. Répartissez les pâtes et la sauce dans des assiettes, et déposez les lamelles de bœuf par-dessus.

Choisissez toujours une huile de truffe parfumée aux vraies truffes (ou à la peau de truffes) plutôt qu'une huile aux arômes synthétiques. Pour une saveur intense, il n'est pas nécessaire d'en mettre beaucoup. Conservez cette huile précieuse dans un endroit frais et à l'abri de la lumière.

Tortelloni prosciutto crudo à la crème de tomate

10 cl de vin blanc sec
15 cl de panna (crème fraîche)
6 tomates bien mûres pelées et coupées en petits morceaux
100 g de jambon cru (du jambon de Parme, par exemple) coupé en lamelles
400 g de tortelloni prosciutto crudo
1 petite poignée de roquette grossièrement coupée
sel, poivre noir du moulin

1. Faites chauffer le vin et la crème dans une poêle. Ajoutez les tomates, puis laissez mijoter pendant 5 minutes. Passez le tout au mixeur.
2. Faites cuire les tortelloni en suivant les indications figurant sur le paquet. Égouttez-les.
3. Incorporez les lamelles de jambon dans la sauce, puis faites de même avec les tortelloni.
4. Déposez la roquette par-dessus. Salez et poivrez avant de servir.

Mafaldine au salame cacciatore (saucisson chasseur)

400 g de mafaldine ou de lasagnette
2 cuill. à soupe d'huile d'olive
1 salami (ou toute autre saucisse sèche épicée) coupé en gros morceaux
2 gousses d'ail finement hachées
sel

1. Faites cuire les mafaldine al dente dans un grand volume d'eau bouillante salée.
2. Pendant que les pâtes cuisent, faites chauffer l'huile dans une grande poêle et faites-y revenir l'ail à feu doux, jusqu'à ce qu'il soit doré. Ajoutez les morceaux de salami et faites chauffer pendant 1 minute supplémentaire, toujours à feu doux.
3. Égouttez les mafaldine et mélangez-les à la préparation ail-salami.
4. Répartissez les pâtes dans 4 bols et servez immédiatement.

Les *mafaldine* ont été nommées ainsi en l'honneur de Mafalda de Savoie, la deuxième fille du roi Victor-Emmanuel III d'Italie et d'Hélène de Monténégro.

Maccheroncini au poulet et à la sauce aux champignons

2 cuill. à soupe d'huile d'olive
1 gousse d'ail hachée
400 g de filets de poulet coupés en lamelles
400 g d'un mélange de champignons au choix (pleurotes en forme d'huîtres, girolles, champignons de Paris blonds, etc.)
400 g de maccheroncini
sel
Pour la sauce :
10 cl de bouillon de légumes
10 cl de vin blanc sec
10 cl de crème fraîche
2 cuill. à soupe d'huile de truffe

1. Mélangez tous les ingrédients pour la sauce dans une petite casserole et portez à ébullition. Baissez ensuite le feu et laissez cuire doucement à petits bouillons pendant 10 minutes.
2. À la fin de la cuisson de la sauce, faites cuire les maccheroncini al dente dans un grand volume d'eau bouillante salée.
3. Pendant ce temps, faites chauffer 1 cuillère à soupe d'huile dans une poêle et faites-y revenir l'ail pendant 1 minute à feu doux. Augmentez le feu et faites saisir les lamelles de poulet pendant 2 minutes environ ou jusqu'à ce qu'elles soient bien dorées.
4. Pendant ce temps, dans une autre poêle, faites revenir les champignons à feu vif, sans matière grasse, jusqu'à ce qu'ils aient rendu toute leur eau et que celle-ci ce soit évaporée. Ajoutez ensuite le reste d'huile et faites revenir les champignons pendant 1 minute supplémentaire, en remuant sans cesse. Incorporez la sauce à la crème aux champignons. Mélangez bien.
5. Égouttez les maccheroncini et répartissez immédiatement dans des assiettes creuses. Déposez les lamelles de poulet par-dessus et arrosez de sauce aux champignons. Servez immédiatement.

Un conseil, ne laissez jamais vos champignons de Paris près d'un agrume dans votre réfrigérateur. En effet, les agrumes dégagent une substance qui accélère le pourrissement des champignons. Il est également préférable de ne pas conserver les champignons trop près de légumes qui sentent fort, comme les poireaux ou les oignons, car les champignons ont tendance à s'imprégner des arômes qui les entourent.

Les pâtes tiennent leur surnom de « plat le plus démocratique du monde » à leur faible coût. Avec un prix de matières premières plutôt bas, elles sont les alliées des budgets serrés. Agrémentées d'ingrédients nobles, tels que la truffe ou la poutargue, elles font aussi merveille dans les occasions festives.

Penne complètes à la saucisse et à l'ail

16 gousses d'ail épluchées
huile d'olive
20 cl de bouillon de viande
20 cl de crème légère
10 cl de vin rouge
200 g de saucisse de porc italienne coupée en petits morceaux
400 g de penne rigate complètes
50 g de pecorino râpé
sel

1. Préchauffez le four à 200 °C (thermostat 6/7).
2. Pour faire rôtir l'ail : déposez toutes les gousses d'ail dans un plat et arrosez-les d'huile d'olive jusqu'à ce qu'elles soient complètement recouvertes. Faites cuire au four pendant 15 minutes environ ou jusqu'à ce qu'elles soient bien tendres. À la fin de la cuisson, elles doivent flotter à la surface.
4. Dans une petite casserole, portez à ébullition le bouillon, la crème et le vin rouge, et faites réduire le tout de moitié. Incorporez la moitié des gousses d'ail et mixez le tout.
5. Faites chauffer 1 cuillère à soupe d'huile d'olive dans une poêle et faites frire la saucisse pendant quelques minutes, jusqu'à cuisson complète.
6. Faites cuire les pâtes al dente dans un grand volume d'eau bouillante salée. Égouttez-les et mélangez-les à la saucisse et à la sauce. Parsemez de fromage et des gousses d'ail restantes. Servez immédiatement.

L'huile utilisée pour rôtir l'ail n'a plus aucune utilité pour la suite de la recette. Mais ce serait un crime de la jeter ! Conservez cette huile parfumée pour préparer des *spaghetti aglio e olio* ou pour tout autre usage, comme pour de la viande ou des pommes de terre rôties, ou pour l'assaisonnement de vos salades.

Fettuccelle au filet mignon et à la crème aux champignons

1 cuill. à soupe d'huile d'olive
500 g de filet mignon de porc
400 g de fettuccelle
sel, poivre

Pour la sauce :
1 oignon haché
1 gousse d'ail hachée
250 g de champignons de Paris coupés en lamelles
10 cl de Xérès sec
10 cl de bouillon de bœuf
10 cl de crème fraîche
1 petite poignée de persil haché
sel, poivre

1. Préchauffez le four à 160 °C (thermostat 5/6)
2. Faites chauffer l'huile dans une grande poêle et faites-y rapidement revenir le porc jusqu'à ce qu'il soit bien doré de chaque côté. Salez et poivrez, puis placez la viande dans un plat et faites cuire au four pendant 20 minutes.
3. Peu avant la fin de la cuisson, faites cuire les fettuccelle al dente dans un grand volume d'eau bouillante salée.
4. Pendant ce temps, remettez la poêle ayant servi pour le porc sur le feu et faites revenir l'oignon et l'ail jusqu'à ce qu'ils soient translucides. Ajoutez les champignons et continuez à faire revenir le tout pendant 1 minute supplémentaire, en remuant sans cesse. Versez le Xérès, le bouillon et la crème, et portez à ébullition. Réduisez le feu et laissez mijoter pendant 5 minutes environ. Salez, poivrez, puis incorporez le persil et continuez la cuisson pendant 1 minute supplémentaire.
5. Retirez la viande du four et coupez-la en tranches. Couvrez-la d'une feuille de papier aluminium pour la conserver au chaud.
6. Égouttez les fettuccelle et répartissez-les dans des assiettes. Versez la sauce aux champignons sur les pâtes et déposez le filet mignon par-dessus. Servez immédiatement.

Le goût prononcé de l'ail dépend de la variété et de sa fraîcheur. Retirez toujours le germe au centre de la gousse (s'il y en a un) car il a un goût amer désagréable lorsqu'il est cuit.

Fusilli à l'agneau haché et à la moutarde

1 cuill. à soupe d'huile d'olive
400 g de viande d'agneau hachée
1 oignon finement haché
500 g de tomates grappes épépinées et coupées en dés
20 cl de vin rouge
2 cuill. à soupe de moutarde
1 petite poignée de basilic finement haché
400 g de fusilli
100 g de pecorino râpé
sel, poivre

1. Faites chauffer l'huile d'olive dans une poêle et faites-y revenir l'agneau haché, en remuant pour que les morceaux ne s'agglutinent pas. Ajoutez l'oignon et continuez la cuisson en remuant sans cesse, jusqu'à ce que l'oignon soit translucide et la viande dorée.
2. Incorporez les tomates, le vin, la moutarde et le basilic, puis mélangez bien le tout. Laissez mijoter à feu doux pendant 5 minutes, puis salez et poivrez à votre convenance.
3. Pendant ce temps, faites cuire les fusilli al dente dans un grand volume d'eau bouillante salée.
4. Égouttez les pâtes et mélangez-les à la sauce à l'agneau.
5. Répartissez dans des assiettes creuses ou dans des bols et servez le pecorino séparément.

Linguine au salami

1 cuill. à soupe d'huile d'olive
1 oignon rouge haché
2 gousses d'ail hachées
1 morceau de salami de 250 g pelé et coupé en dés
1 piment rouge épépiné et haché
1 cuill. à soupe d'origan séché
1 cuill. à soupe de concentré de tomates
1 boîte de tomates pelées en morceaux (400 g)
400 g de linguine
sel

1. Faites chauffer l'huile dans une poêle et faites-y revenir l'oignon et l'ail pendant 1 minute. Ajoutez le salami et faites revenir pendant 1 minute supplémentaire, en remuant sans cesse.
2. Incorporez le piment, l'origan, le concentré de tomates et les tomates. Laissez mijoter le tout pendant 20 minutes (jusqu'à obtention d'une sauce épaisse).
3. Peu avant la fin de la cuisson, faites cuire les linguine dans un grand volume d'eau bouillante salée.
4. Égouttez les pâtes et mélangez-les à la sauce tomate. Répartissez dans des assiettes plates ou creuses et servez immédiatement.

L'origan est une herbe aromatique qui tient une très grande place dans les cuisines italienne et grecque. L'ensoleillement reçu lors de sa pousse a une influence directe sur la saveur de la plante. Le nom « origan » vient du grec *origanon*, combinaison de *oros*, « montagne », et du verbe *ganousthai*, « se délecter ».

Pipe rigate au jambon de Parme et aux petits pois

1 cuill. à soupe d'huile d'olive
1 oignon haché
300 g de petits pois (frais ou surgelés)
10 cl de bouillon de poule (ou de toute autre viande)
400 g de pipe rigate
200 g de jambon de Parme coupé en lamelles
1 petite poignée de basilic frais coupé en lamelles
sel du moulin, poivre du moulin

1. Faites chauffer l'huile dans une grande poêle et faites-y revenir l'oignon jusqu'à ce qu'il soit translucide.
2. Ajoutez les petits pois et le bouillon, puis laissez mijoter pendant quelques minutes ou jusqu'à ce que les petits pois soient tendres.
3. Faites cuire les pipe rigate al dente dans un grand volume d'eau bouillante salée.
4. Égouttez les pâtes, puis mélangez-les avec le jambon de Parme et le basilic à la préparation aux petits pois.
5. Salez et poivrez, puis servez immédiatement dans des assiettes creuses ou dans des bols.

Les petits pois frais doivent être consommés dans les 24 heures suivant leur cueillette. Sinon, les sucres se transforment rapidement en amidon, ce qui leur fait perdre leur saveur douce. Attendez le dernier moment pour les écosser.

Anchois en conserve

Les anchois en conserve sont un accompagnement magique. Ajoutez un filet d'anchois dans une sauce que vous considérez comme incomplète, même une sauce à base de viande : l'anchois fondra presque totalement, donnant à vos bolognaises ou autres sauces une saveur riche et mystérieuse !

Les anchois frais ont presque le même goût que leur grand frère, le hareng. Laissez-les mariner dans du sel pendant quelques semaines, voire quelques mois, et vous obtiendrez cette préparation aux anchois si particulière dont le goût unique rendait fous les Romains de l'Antiquité. Les anchois tiennent une grande place dans des recettes comme les *spaghetti alla puttanesca*, mais on les trouve également dans beaucoup d'autres recettes, bien plus souvent qu'on l'imagine. Ils sont souvent utilisés comme accompagnement subtil d'un plat.

Une fois pêché, le poisson est nettoyé dès qu'il arrive au port ; il est ensuite placé dans des fûts de stockage entre des couches de gros sel marin. Les fûts sont couverts d'un poids pour presser légèrement les filets. Le sel absorbe l'eau du poisson, permettant aux protéines de la chair de se solidifier. Ce phénomène est similaire à celui provoqué par la cuisson. La durée de conservation des anchois est ainsi considérablement allongée. L'affinage des poissons dure environ trois mois. C'est durant cette période que les arômes, la saveur et la couleur caractéristiques se développent. En Italie, les anchois sont également conservés entiers dans du sel de mer. Cela permet une meilleure préservation de leur saveur, même s'ils sont plus difficiles à préparer ensuite.

Les anchois frais

Même si la plupart des anchois qui sont pêchés sont immédiatement mis en conserve, les italiens les dégustent également frais. Ces petits poissons savoureux trouvent leur place dans des plats de pâtes ou sont marinés pour être servis comme antipasto.

Il suffit de jeter un coup d'œil sur une carte de l'Italie pour comprendre pourquoi la cuisine nationale met un tel accent sur les produits de la mer. De la côte rocailleuse de Ligurie et des baies de Toscane, jusqu'aux plages dorées des Abruzzes et d'Apulie (ancien nom de la province des Pouilles), en passant par les îles de Sicile et de Sardaigne, les produits de la mer sont partout. On trouve du poisson frais comme le bar, la sardine ou le rouget, du poulpe ou du calamar, et toutes sortes

Les pâtes au poisson et aux fruits de mer

de crustacés. Mais il n'y a pas que la mer : l'Italie possède également beaucoup de lacs et de rivières où sont pêchées les truites et diverses sortes de poissons d'eau douce. Il était donc inévitable que bon nombre de ces poissons et crustacés trouvent leur place dans les recettes de pâtes. Dans le Sud de l'Italie, les fruits de mer sont souvent associés aux sauces tomate, comme les pâtes napolitaines aux tomates et au thon, aux palourdes et autres coquillages. L'association des anchois, du brocoli et de la tomate est un classique d'Apulie. Dans le Nord, les fruits de mer sont souvent associés aux sauces à la crème : à Venise, on compose des mets très chics aux crevettes, à l'araignée de mer et à d'autres coquillages. Des recettes modernes sont aussi préparées, à base de saumon fumé et de crème. En dehors des pâtes, il existe une variété infinie de plats au poisson ou aux fruits de mer, servis en entrée, comme déjeuner léger ou comme dîner complet.

Linguine aux langoustines à la sauce à l'ail et à la moutarde

400 g de linguine
1 cuill. à soupe d'huile d'olive
1 oignon émincé
2 gousses d'ail hachées
500 g de langoustines ou de grosses crevettes décortiquées et déveinées
1 cuill. à soupe de moutarde à l'ail
2 tomates épépinées et coupées en dés
10 cl de crème fraîche
1 petite poignée de basilic frais coupé en lamelles
sel

1. Faites cuire les linguine al dente dans un grand volume d'eau bouillante salée.
2. Pendant que les pâtes cuisent, faites chauffer l'huile dans une poêle et faites-y revenir brièvement l'oignon et l'ail.
3. Ajoutez les langoustines et faites revenir le tout jusqu'à ce que les langoustines aient pris une couleur rosée. Incorporez la moutarde à l'ail, les tomates, la crème fraîche et le basilic, puis faites bien chauffer le tout.
4. Égouttez les pâtes et mélangez-les à la sauce aux langoustines.
5. Répartissez le tout dans des assiettes plates ou creuses. Servez immédiatement.

Vous pouvez trouver de la moutarde à l'ail dans des épiceries spécialisées ou dans certains supermarchés bien fournis. Si vous ne parvenez pas à en trouver pour réaliser cette recette, remplacez-la par de la moutarde classique ou encore par une moutarde aromatisée comme celle à l'estragon ou au poivre.

Tortiglioni aux épinards et à la tapenade d'olive

400 g de tortiglioni
1 cuill. à soupe d'huile d'olive
1 échalote hachée
500 g d'épinards hachés
sel

Pour la tapenade :
100 g d'olives vertes dénoyautées
1 boîte de filets d'anchois
1 cuill. à soupe de persil haché
1 cuill. à soupe de câpres
4 cuill. à soupe d'huile d'olive

1. Faites cuire les tortiglioni al dente dans un grand volume d'eau bouillante salée.
2. Pendant ce temps, passez au mixeur les ingrédients pour la tapenade.
3. Faites chauffer l'huile d'olive dans une grande poêle ou dans un wok et faites-y revenir l'échalote pendant 20 secondes environ. Ajoutez les épinards. Lorsqu'ils sont flétris, retirez du feu.
4. Égouttez les tortiglioni et mélangez-les directement dans la préparation aux épinards. Faites bien réchauffer le tout, puis répartissez dans 4 assiettes. Servez la tapenade séparément.

À une époque, il était déconseillé de faire réchauffer les épinards après qu'ils aient été cuits. Cette mise en garde venait du fait que les épinards cuits, conservés à l'air libre, puis réchauffés, libèrent des nitrites. Ceci était vrai avant la démocratisation des réfrigérateurs et des congélateurs qui permettent de bien conserver les épinards, ce qui rend désormais ce conseil obsolète. Il est cependant toujours recommandé aux enfants en bas âge, aux femmes enceintes et aux personnes âgées de veiller à manger des épinards bien frais ou surgelés.

Tagliatelle au bar et à la perce-pierre

400 g de tagliatelle
1 l de court-bouillon de poisson
4 filets de bar de 100 g chacun
200 g de perce-pierre (criste marine) blanchie pendant 1 minute dans de l'eau bouillante
sel

Pour l'huile aux herbes :
1 gousse d'ail
1 cuill. à soupe de persil haché
1 cuill. à soupe de basilic haché
1 cuill. à soupe de cerfeuil
10 cl d'huile d'olive
10 cl d'huile de germes de maïs
sel, poivre

1. Faites cuire les tagliatelle al dente dans un grand volume d'eau bouillante salée
2. Pendant ce temps, portez le court-bouillon à ébullition. Pochez les filets de bar dans le court-bouillon à feu doux pendant 10 minutes environ.
3. Retirez les filets et coupez-les en deux. Réservez au chaud.
4. Passez tous les ingrédients pour l'huile aux herbes au mixeur, puis salez et poivrez selon votre goût.
5. Égouttez les pâtes et versez-les dans une casserole. Incorporez 2 cuillères à soupe d'huile aux herbes et faites revenir le tout avec la perce-pierre.
6. Répartissez dans des assiettes et déposez les morceaux de bar par-dessus. Servez immédiatement, avec l'huile aux herbes séparément.

La perce-pierre (ou fenouil marin) pousse en bords de mer et fait partie des légumes oubliés. Comme les épinards, ses feuilles peuvent être consommées crues en salade ou légèrement cuites. Pour la consommer, retirez la partie dure du bas de la plante, si nécessaire, puis rincez-la brièvement sous l'eau froide. Ne laissez jamais la perce-pierre tremper dans l'eau du robinet. Cette plante est adaptée à l'eau de mer et tolère mal l'eau douce.

Cravattine aux coquilles St-Jacques

400 g de cravattine all'uovo
2 cuill. à soupe d'huile d'olive
2 gousses d'ail hachées
½ piment rouge épépiné et haché
2 ciboules hachées
20 cl de crème légère
16 noix de St-Jacques
sel, poivre du moulin

1. Faites cuire les cravattine al dente dans un grand volume d'eau bouillante salée.
2. Faites chauffer 1 cuillère à soupe d'huile d'olive dans une grande poêle et faites-y revenir l'ail et le piment pendant 30 secondes environ. Ajoutez les ciboules, mélangez bien, puis versez la crème. Goûtez, puis salez et poivrez si nécessaire.
3. Badigeonnez les noix de St-Jacques avec le reste d'huile d'olive. Sur une pierrade à température maximum ou dans une poêle à griller sur feu vif, faites cuire les St-Jacques entre 30 secondes et 1 minute de chaque côté.
4. Égouttez les pâtes et mélangez-les à la sauce à la crème.
5. Répartissez dans des assiettes et déposez 4 St-Jacques sur chaque portion de pâtes. Servez immédiatement.

Les coquilles St-Jacques fraîches ont une saveur délicieusement douce et sont exquises dans les plats les plus simples. Ne laissez jamais les St-Jacques tremper dans de l'eau douce car elles l'absorberont comme des éponges.

Fazzoletti au crabe et à la crème

1 cuill. à soupe d'huile d'olive
1 oignon émincé
3 gousses d'ail hachées
1 branche de céleri coupée en tranches fines
1 piment séché pilé
250 g de chair de crabe fraîche
le jus d'un citron
4 cuill. à soupe de crème fraîche
1 petite poignée d'origan frais grossièrement haché

Pour les fazzoletti :
300 g de farine italienne pour pâtes (de type 00) tamisée
3 œufs
½ cuill. à café de sel

1. Faites un tas avec la farine et creusez un puits au centre. Ajoutez-y les œufs et le sel. À l'aide d'une fourchette, mélangez délicatement du centre vers l'extérieur, jusqu'à ce que la farine soit bien mêlée aux œufs. Pétrissez la pâte pendant 10 à 15 minutes, jusqu'à ce qu'elle devienne douce et élastique. Recouvrez-la de film alimentaire et laissez-la reposer pendant 30 minutes.
2. Faites chauffer l'huile dans une poêle et faites-y revenir l'oignon, l'ail, le céleri et le piment pendant 1 minute.
3. Étalez la pâte au rouleau jusqu'à obtention d'une abaisse fine, puis découpez des carrés de 8 x 8 cm. Faites cuire les carrés de fazzoletti al dente dans un grand volume d'eau bouillante salée. La cuisson devrait durer 4 minutes environ.
4. Retirez le mélange de légumes du feu, puis incorporez le crabe, le jus de citron et la crème.
5. Mélangez délicatement les fazzoletti à la sauce, puis parsemez d'origan.

Longtemps accusées de faire grossir, les pâtes bénéficient aujourd'hui d'une meilleure image nutritionnelle. Cuites al dente, elles ont un index glycémique faible. L'index glycémique, IG, classe les aliments en trois catégories selon la vitesse d'absorption du sucre. L'index faible correspond à une absorption lente et idéale pour l'organisme. Les pâtes sont peu caloriques lorsqu'elles sont consommées nature ou avec des légumes, sans excès de matières grasses.

Penne au thon frais et aux poivrons

1 petite poignée de feuilles de menthe finement hachées
le jus d'un citron vert
1 cuill. à soupe de vinaigre balsamique
2 cuill. à soupe d'huile d'olive
500 g de thon frais coupé en petits morceaux
400 g de penne rigate
1 poivron rouge coupé en lamelles
1 poivron vert coupé en lamelles
1 poivron jaune coupé en lamelles
100 g de champignons de Paris blonds ou autres champignons du même type, coupés en lamelles
8 filets d'anchois (en boîte)
2 cuill. à soupe d'olives vertes dénoyautées
1 cuill. à soupe de câpres
sel

1. Mélangez la menthe, le jus de citron vert, le vinaigre balsamique et 1 cuillère à soupe d'huile d'olive. Laissez mariner les morceaux de thon dans ce mélange pendant 30 minutes. Retirez ensuite le thon et séchez-le dans du papier absorbant.
2. Faites cuire les penne al dente dans un grand volume d'eau bouillante salée.
3. Pendant ce temps, faites chauffer l'huile d'olive restante dans une grande poêle et faites-y revenir les lamelles de tous les poivrons et les champignons pendant 1 minute environ.
4. Incorporez les anchois et remuez jusqu'à ce qu'ils fondent dans le mélange. Ajoutez les olives, les câpres et le thon, puis faites revenir pendant 1 minute supplémentaire. Versez ensuite la marinade et faites bien chauffer le tout.
5. Égouttez les pâtes et répartissez-les dans des assiettes. Versez la préparation au thon par-dessus et servez immédiatement.

Le thon s'abîme rapidement car il a une teneur élevée en graisse. Les steaks de thon doivent être fermes au toucher et avoir une odeur plus proche de celle de la viande que celle du poisson. Assurez-vous qu'ils sont aussi frais que possible et séchez-les dans du papier absorbant avant de les cuire.

Conchiglie aux crevettes et à la crème à l'aneth

400 g de conchiglie all'uovo
de l'aneth frais pour la décoration
sel

Pour la sauce à la crème et à l'aneth :
20 cl de crème légère
¼ l de court-bouillon de poisson
2 cuill. à soupe de Pernod
le jus d'un citron vert
1 petite poignée d'aneth frais haché
300 g de crevettes décortiquées et cuites
sel, poivre du moulin

1. Faites cuire les pâtes al dente dans un grand volume d'eau bouillante salée.
2. Pendant ce temps, versez la crème et le court-bouillon dans une autre casserole et portez à ébullition. Baissez le feu et laissez mijoter la sauce à feu doux pendant 10 minutes environ, en remuant de temps en temps, jusqu'à ce qu'elle réduise de moitié.
3. Incorporez le Pernod, le jus de citron, l'aneth et les crevettes dans la sauce. Goûtez, puis salez et poivrez si nécessaire.
4. Égouttez les pâtes et mélangez-les à la sauce.
5. Répartissez dans des assiettes, parsemez d'aneth frais et servez immédiatement.

Penne rigate aux anchois et aux brocolis

400 g de penne rigate
400 g de petits bouquets de brocolis
1 oignon haché
2 gousses d'ail hachées
3 cuill. à soupe d'huile d'olive
4 tomates épépinées et coupées en lamelles
50 g d'olives noires dénoyautées
2 cuill. à soupe de câpres
1 boîte de 50 g d'anchois
1 ciboule émincée
le jus d'un citron
1 cuill. à soupe d'origan frais grossièrement haché
sel

1. Faites cuire les penne al dente dans un grand volume d'eau bouillante salée.
2. Pendant ce temps, faites blanchir les brocolis dans de l'eau bouillante pendant 2 minutes. Retirez du feu et égouttez.
3. Faites revenir l'oignon et l'ail dans l'huile d'olive jusqu'à ce qu'ils soient translucides. Ajoutez les lamelles de tomates, les olives, les câpres, les anchois, la ciboule et les brocolis, puis mélangez délicatement.
4. Égouttez les pâtes et mélangez-les à la préparation aux brocolis.
5. Répartissez dans des assiettes, arrosez de jus de citron et parsemez d'origan. Servez immédiatement.

Le citron n'est pas seulement un assaisonnement, c'est aussi un exhausteur de goût : il permet de faire ressortir la saveur d'autres ingrédients. Tout comme le sel, quelques gouttes de citron peuvent complètement transformer un plat.

Lasagnette au saumon à la crème fraîche et à la ciboulette

400 g de lasagnette
de la ciboulette pour la décoration
sel

Pour la sauce à la crème fraîche et à la ciboulette :
25 cl de crème fraîche
10 cl de court-bouillon de poisson ou de bouillon de légumes
1 poignée de ciboulette hachée
200 g de saumon fumé coupé en lamelles
sel, poivre

1. Faites cuire les lasagnette al dente dans un grand volume d'eau bouillante salée.
2. Pendant ce temps, faites chauffer la crème fraîche dans une casserole, puis versez le bouillon, la ciboulette et le saumon fumé. Faites bien chauffer le tout, puis salez et poivrez à votre convenance.
3. Égouttez les pâtes et mélangez-les à la sauce.
4. Répartissez les lasagnette dans des assiettes creuses ou des bols, décorez de ciboulette et servez immédiatement.

Fusilli au saumon frais, au cresson et au raifort

10 cl de crème fraîche
10 cl de vin blanc sec
20 cl de court-bouillon de poisson
1 petit oignon haché
400 g de fusilli
2 cuill. à soupe de raifort en bocal
400 g de filets de saumon frais en petits morceaux
75 g de cresson grossièrement haché (réservez quelques feuilles pour la décoration)
sel, poivre

1. Pour la sauce : portez à ébullition la crème, le vin, le court-bouillon et l'oignon. Réduisez le feu et laissez mijoter jusqu'à ce que la préparation réduise de moitié.
2. Faites cuire les fusilli al dente dans un grand volume d'eau bouillante salée.
3. Incorporez le raifort et le saumon à la sauce, puis salez et poivrez selon votre goût.
4. Égouttez les pâtes et mélangez-les directement à la sauce.
5. Mélangez le cresson aux pâtes. Répartissez dans des assiettes et décorez avec les quelques feuilles de cresson. Servez immédiatement.

La saveur poivrée du cresson apporte une note délicieuse à toutes vos soupes, salades et quiches. Choisissez toujours du cresson vert clair et bien frais. Ne le conservez pas plus d'une journée au réfrigérateur, car le cresson s'abîme extrêmement vite.

La Taverna del mar
"LUCIO"

TRATTORIA

Spaghetti à la poutargue

20 cl d'huile d'olive
6 gousses d'ail épluchées et coupées en 2
400 g de spaghetti
40 g de poutargue environ
sel

1. Faites chauffer l'huile dans une poêle, puis ajoutez les gousses d'ail. Faites cuire à feu doux jusqu'à ce qu'elles soient tendres. Écrasez l'ail dans l'huile à l'aide d'une fourchette.
2. Faites cuire les spaghetti al dente dans un grand volume d'eau bouillante salée. Égouttez-les, puis mélangez-les à l'huile à l'ail.
3. Répartissez les pâtes dans des assiettes et râpez la poutargue par-dessus. Servez immédiatement.

La poutargue est une spécialité sarde : il s'agit d'œufs de thon ou de mulet qui ont été salés, séchés, puis pressés. Elle se présente sous la forme d'une saucisse aplatie, souvent recouverte d'une pellicule de cire qui permet de mieux la conserver. Vous en trouverez dans les épiceries fines. Coupée en tranches et servie en antipasto, ou râpée sur des pâtes, sa saveur enchante les papilles. Son seul défaut est son prix !

Spaghetti croustillants sautés aux anchois

500 g de spaghetti (ou de vermicelli)
2 cuill. à soupe d'huile d'olive
2 gousses d'ail hachées
10 anchois
100 g de chapelure grillée au four
1 petite poignée de persil grossièrement haché
sel

1. Faites cuire les spaghetti al dente dans un grand volume d'eau bouillante salée.
2. Pendant ce temps, faites chauffer l'huile d'olive dans une poêle et faites-y revenir l'ail pendant 1 minute, sans le laisser brunir.
3. Incorporez les anchois et faites cuire à feu doux jusqu'à obtention d'une pâte.
4. Ajoutez les spaghetti et la chapelure dans la poêle, et faites revenir le tout jusqu'à ce que les pâtes soient croustillantes.
5. Répartissez dans des assiettes creuses et parsemez de persil. Servez immédiatement.

Le 1er avril

« Pour tous les amoureux de ces pâtes, rien ne vaut de vrais spaghetti que l'on a fait pousser soi-même », déclare le présentateur Richard Dimbleby aux téléspectateurs du fascinant documentaire de la BBC « La récolte des spaghetti au printemps », diffusé en 1957. L'émission présente la récolte des spaghetti dans le canton de Tessin, en Suisse, montrant des images d'une famille d'agriculteurs ramassant des kilos de spaghetti dans des arbres. En Suisse, nous dit-il, la culture des spaghetti est restée « une affaire de famille » contrairement aux « vastes plantations de spaghetti de la plaine du Pô ». Dimbledy explique que les dernières semaines de mars sont une période difficile pour l'agriculteur qui fait pousser des spaghetti, car une gelée tardive peut sérieusement altérer le goût des pâtes. Le jour suivant (le 2 avril donc), la BBC reçut des centaines de coups de téléphone de téléspectateurs curieux de savoir comment ils pouvaient faire pousser leurs propres spaghetti. Cet évènement montre à quel point les pâtes étaient encore méconnues dans les années 1950 en Angleterre. En guise de réponse, la BBC lança la boutade suivante : « Mettez simplement un spaghetti dans une boîte de sauce tomate et priez pour ça fonctionne »

Les fromages italiens

Il est quasiment impensable de préparer des pâtes sans fromage. Le parmesan fraîchement râpé, le « roi des fromages », n'est pas le seul que vous pouvez utiliser. Pourquoi ne pas le remplacer par du gorgonzola, intense et savoureux, fondant tel du velours sur des gnocchi bien chauds, ou du mascarpone qui donne aux sauces aux champignons et crustacés cette onctuosité unique, ou de la mozzarella, ou encore du fromage de brebis...

La fabrication des fromages est presque aussi profondément ancrée en Italie que la fabrication des pâtes. Chaque région possède ses propres variétés de fromages, la plupart étant fabriqués à partir de lait de vache ou de brebis. Autrefois, les Romains faisaient du fromage car c'était un moyen de conserver le lait. Il existait déjà toutes sortes de fromages italiens avant même qu'il y ait un territoire italien, et tous ont été intégrés à des recettes de cuisine dès le Ier siècle av. J.-C. C'est dans les monastères, au Moyen-Âge, que l'art de fabriquer du fromage a été perfectionné. Certains sont même encore élaborés comme à l'époque. Les fromages italiens sont aussi divers et variés que les paysages de l'Italie. Les prairies verdoyantes du Nord constituent d'excellents pâturages pour les vaches dont le lait est utilisé pour fabriquer, entre autres, le fameux *parmesan*. Les régions alpines nous offrent la *fontine* et le *taleggio* crémeux, également élaborés à partir de lait de vache. En Italie du Centre et du Sud, c'est le fromage de brebis qui prédomine, le plus célèbre étant le *pecorino*. Dans les régions marécageuses du Sud sont élevés des buffles domestiques (personne ne sait comment ils sont arrivés là...), dont le lait est utilisé pour fabriquer la « véritable » *mozzarella*, qui est donc de la mozzarella au lait de bufflonne.

Le parmigiano-reggiano

Le parmesan, ou plus exactement le *parmigiano-reggiano*, est si populaire partout dans le monde que près de 2 millions de meules sont produites chaque année. Ce chiffre est d'autant plus impressionnant que ce fromage ne peut être fabriqué que dans certaines régions d'Émilie-Romagne et selon des normes strictes. La qualité du fromage est testée après un minimum de 14 mois d'affinage à l'aide d'un marteau que l'on utilise pour taper sur les meules. Le son produit indique le stade d'affinage du fromage. Un petit morceau est goûté : si la saveur est parfaite, le sceau Parmigiano-Reggiano est apposé sur la croûte, ainsi que l'année de production.

Le grana

Le *grana* est le terme générique désignant les fromages au lait de vache à pâte dure fabriqués dans la plaine du Pô, notamment le *parmigiano-reggiano* et le *grana padano*. Leur affinage est en général assez long (6 mois minimum, mais généralement 1 an, voire plus), ce qui leur confère une texture granuleuse et une saveur intense et fruitée. Râpez-le toujours vous-même, car celui que l'on trouve déjà râpé dans le commerce a en général perdu toute sa saveur.

Le gorgonzola

Il s'agit d'un fromage bleu de Lombardie à pâte demi-dure et au goût intense. Le *gorgonzola dolce* correspond à la variété la moins affinée ; son goût est plus doux et plus léger.

La mozzarella

La *mozzarella*, au blanc immaculé, est bien meilleure lorsqu'elle est fabriquée à partir de lait de bufflonne. Il s'agit d'ailleurs de la mozzarella authentique. Son goût est considérablement plus doux que la mozzarella élaborée à partir de lait de vache dont la consistance est plus dure.

La ricotta

Le nom de *ricotta*, qui signifie « recuit », révèle la technique de fabrication de ce fromage. Le petit-lait (liquide récupéré après la fabrication d'autres fromages) est chauffé, entraînant l'agglomération de morceaux résiduels pour former cette consistance si particulière de lait caillé qui a rendu la ricotta célèbre. Ces morceaux sont ensuite égouttés, puis emballés sans traitement supplémentaire.

La ricotta salata

La *ricotta salata* sicilienne est quasiment produite de la même façon que la ricotta classique, à la seule différence qu'une fois le petit-lait égoutté, les morceaux restants sont salés, puis pressés. Le goût de la ricotta salata n'a rien à voir avec celui de la ricotta classique et sa texture est également bien plus ferme.

Le mascarpone

En Italie, ce fromage doux et frais est utilisé comme on utilise de la crème dans d'autres pays : il s'intègre aussi bien à des plats sucrés que salés.

La fontine

La véritable *fontine* est fabriquée dans la vallée d'Aoste. Il s'agit d'un fromage à pâte lisse et demi-dure, au goût crémeux lorsqu'il est jeune et qui prend une légère saveur de noisette lorsqu'il est affiné plusieurs mois. La fontine fond très bien, ce qui en fait un excellent choix pour accompagner les plats chauds.

Le pecorino

Le *pecorino* est le terme générique désignant les fromages de brebis traditionnellement fabriqués en Italie du Centre et du Sud. Ils peuvent être dégustés lorsqu'ils sont encore jeunes, mais ils sont en général vendus affinés, lorsqu'ils ont développé une saveur piquante et légèrement salée. Le plus célèbre est bien sûr le *pecorino romano* fabriqué dans le Latium. Il existe cependant d'autres variétés, comme le *pecorino sardo* (de Sardaigne), le *pecorino toscano*, le *pecorino siciliano*, etc.

Une sauce crémeuse recouvrant des pâtes aux œufs frais tel un ruban de velours... Voilà le plat de pâtes favori de la plupart des italiens du Nord, contrairement à ceux du Sud qui utilisent plus d'huile d'olive que de beurre et de crème. Avant l'arrivée des réfrigérateurs, les produits laitiers se conservaient plus facilement dans le Nord que dans le Sud où la chaleur est intense. Par ailleurs, les prairies du Nord offraient de meilleurs pâturages au bétail que les paysages rocailleux du Sud où l'on élevait surtout des moutons.

Dans la cuisine italienne, deux types de crème sont généralement utilisés : la *panna da cucina* (crème semi-épaisse) et la *panna da dolce* ou *da montare* (crème à fouetter). La première, comme son nom l'indique, est surtout utilisée dans des sauces pour pâtes et autres plats chauds. Elle est plus épaisse et contient moins de matière grasse que la crème à fouetter classique, et elle est idéale pour la préparation de sauces riches comme la sauce pour les pâtes *all'Alfredo*. Cependant, la plupart des recettes de ce livre requièrent seule-

Les pâtes au fromage et à la crème

ment de la crème légère (ou allégée). Selon la réglementation en vigueur, celle-ci doit avoir un taux de matière grasse (M.G) entre 12% et 30%. Avec en moyenne 15% M.G, elle est donc moins riche que la *panna da cucina* (25 % M.G) et beaucoup moins que la crème à fouetter ou la *panna da montare* (30 à 35% M.G). Elle tient très bien à la cuisson et possède une saveur agréable et ronde en bouche. Le résultat est bien sûr plus léger, mais cela convient mieux à la cuisine et à nos régimes alimentaires modernes. Toutefois, rien ne vous empêche d'ajouter un peu de crème plus riche en matière grasse de temps en temps si cela vous fait envie... Vous pouvez également essayer différents fromages, en plus de l'indispensable parmesan râpé ou du pecorino, pour obtenir la bonne texture de sauce. Et si vous vous souciez de votre ligne, utilisez de la ricotta : elle ne contient que 5 à 20 % M.G, à la grande différence du mascarpone qui avoisine souvent les 90 %...

Toutes les recettes sont prévues pour 4 personnes.

Stringhetti au safran

10 cl de vin blanc sec
1 pincée de safran
400 g de stringhetti all'uovo
25 cl de crème liquide
100 g de parmesan
1 jaune d'œuf
sel

1. Faites chauffer le vin blanc dans une poêle. Incorporez le safran et laissez chauffer à feu doux pendant quelques minutes afin de bien le faire infuser.
2. Pendant ce temps, faites cuire les stringhetti al dente dans un grand volume d'eau bouillante salée.
3. Ajoutez la crème et le parmesan au vin et au safran. Une fois le fromage fondu, retirez la poêle du feu et incorporez le jaune d'œuf, tout en battant la préparation pour obtenir un mélange homogène.
4. Égouttez les pâtes et mélangez-les à la sauce. Répartissez le tout dans des bols et servez immédiatement.

✓ Lasagne aux trois fromages

huile d'olive
1 oignon finement haché
3 gousses d'ail écrasées
150 g de champignons finement émincés
1 piment rouge épépiné et haché
1 poivron rouge coupé en dés
1 poivron vert coupé en dés
2 boîtes (400 g chacune) de tomates italiennes pelées (réservez 10 cl du jus des tomates)
1 paquet de feuilles de lasagne (500 g), précuites si nécessaire (la plupart des marques ne requièrent pas de précuisson)
100 g de fromage de chèvre doux émietté
100 g de fromage à pâte dure râpé
100 g de parmesan râpé
sel, poivre

1. Préchauffez le four à 200 °C (thermostat 6/7)
2. Faites chauffer 1 cuillère à soupe l'huile dans une poêle et faites-y revenir l'oignon jusqu'à ce qu'il soit translucide. Ajoutez l'ail et laissez cuire 1 à 2 minutes supplémentaires.
3. Incorporez les champignons, le piment et les poivrons. Faites cuire 1 minute supplémentaire à feu vif, en remuant sans cesse. Ajoutez ensuite les tomates et leur jus. Mélangez bien, puis baissez le feu et laissez doucement mijoter pendant 5 minutes environ. Salez et poivrez selon votre goût.
4. Graissez un plat avec de l'huile d'olive, puis tapissez le fond d'une fine couche de sauce tomate. Déposez ensuite une couche de feuilles de lasagne, puis une couche de sauce, une couche de fromage de chèvre, une autre couche de pâtes, une couche de sauce et enfin une couche de fromage à pâte dure. Continuez ainsi, en terminant par une couche de sauce tomate. Parsemez ensuite de parmesan.
5. Faites cuire au four pendant 30 minutes environ (ou jusqu'à ce que vos lasagne soient bien cuites et bien dorées).

Achetez toujours des tomates en conserve de la meilleure qualité possible. Un moyen de vérifier la qualité est de regarder leur provenance. Les italiens sont assez pointilleux en ce qui concerne leurs tomates. L'inscription « Made in Italy » sur la boîte est un gage de qualité.

✓ Lasagne à la mozzarella et à la béchamel

1 paquet de feuilles de lasagne (500 g), précuites si nécessaire (la plupart des marques ne requièrent pas de précuisson)
1 cuill. à soupe d'huile d'olive (en prévoir un peu plus pour graisser le plat)
1 oignon finement haché
2 gousses d'ail hachées
1 aubergine coupée en dés
1 poivron vert coupé en dés
1 ciboule coupée en petites rondelles
1 petite poignée de basilic grossièrement haché
3 boules de mozzarella coupées en tranches
sel

Pour la sauce béchamel :
40 g de beurre
40 g de farine de blé tamisée
20 cl de lait chaud entier
20 cl de bouillon de légumes
1 pincée de muscade
sel, poivre

1. Préchauffez le four à 200 °C (thermostat 6/7)
2. Pour la béchamel : faites fondre le beurre dans une casserole, puis ajoutez la farine. Tout en remuant, incorporez progressivement le lait chaud et le bouillon de légumes, jusqu'à obtention d'une sauce bien lisse. Salez et poivrez, puis ajoutez de la muscade selon votre goût. Retirez la casserole du feu et réservez.
3. Faites chauffer l'huile dans une poêle et faites-y revenir l'oignon et l'ail pendant 1 minute environ. Ajoutez l'aubergine et faites cuire 1 minute de plus, puis le poivron, la ciboule et le basilic, et prolongez la cuisson pendant 1 minute supplémentaire, en remuant sans cesse. Salez.
4. Huilez un plat et déposez une couche de feuilles de lasagne au fond. Recouvrez d'une fine couche de sauce béchamel. Continuez ensuite à faire des couches de pâtes, de légumes, de mozzarella et de béchamel (en suivant cet ordre). Finissez par une couche de béchamel. Faites cuire les lasagne au four pendant 30 minutes environ (ou jusqu'à ce qu'elles soient bien cuites et bien dorées).

Pappardelle à la carbonara d'asperges

10 asperges vertes lavées et coupées en petits morceaux biseautés
1 cuill. à soupe d'huile d'olive
100 g de jambon cuit coupé en lamelles
12,5 cl de crème légère
100 g de parmesan râpé
2 jaunes d'œufs
400 g de pappardelle all'uovo
sel, poivre noir du moulin

1. Faites cuire les asperges dans de l'eau bouillante pendant 5 minutes, puis retirez-les du récipient et passez-les sous l'eau froide.
2. Faites chauffer l'huile dans une poêle et faites-y revenir les lamelles de jambon avec les morceaux d'asperges pendant 1 minute.
3. Dans un petit saladier, mélangez la crème, le parmesan et les jaunes d'œufs.
4. Entre-temps, faites cuire les pâtes al dente dans un grand volume d'eau bouillante salée. Égouttez-les bien (réservez un peu d'eau de cuisson) et remettez-les dans le récipient de cuisson, sans faire chauffer.
5. Déposez les lamelles de jambon et les asperges sur les pâtes encore chaudes. Ajoutez la préparation œufs/crème. Remuez le tout afin que la sauce et les ingrédients se mélangent bien aux pâtes. Si la sauce est trop épaisse, vous pouvez ajouter un peu de l'eau de cuisson réservée.
6. Répartissez les pappardelle dans des assiettes et poivrez. Servez immédiatement.

Lorsque vous voyez l'expression *all'uovo* à la suite d'un nom de pâtes, cela signifie que la pâte a été faite avec des œufs. Les pâtes *all'uovo* sont plus consistantes et plus savoureuses que les pâtes normales. Elles se marient bien avec des sauces crémeuses et onctueuses.

L'ail

L'ail est la star de plusieurs plats, comme les *spaghetti aglio e olio* dont il est l'ingrédient principal. Il entre également dans la composition de nombreuses autres sauces pour pâtes et, même s'il y tient un rôle secondaire, il permet de relever la saveur d'ensemble d'un plat. La variété italienne, aux touches violacées et aux gousses délicieuses, est l'un des aliments de base de la cuisine quotidienne, en particulier dans le Sud du pays.

Dans les épiceries, si vous cherchez un peu, vous trouverez d'autres variétés d'ail que la variété « habituelle » au bulbe blanc. Il en existe des centaines de variétés, allant de l'ail blanc ou vert clair à l'ail rouge rouge ou violet. Leurs tailles et leurs formes sont elles aussi très diverses. Il existe également des variétés hybrides au bulbe composé d'une seule grosse gousse (pas besoin de passer des heures à les éplucher !). Si vous ne consommez pas autant d'ail que les italiens, il est peut-être préférable d'acheter les têtes à l'unité plutôt qu'en filet, car l'ail est meilleur frais. Si vous souhaitez toutefois garder votre ail pendant une longue période, conservez-le dans un endroit frais et sec (pas au réfrigérateur).

L'amertume

Certains disent ne pas aimer l'ail à cause de son amertume. Pourtant, du bon ail frais ne doit en aucun cas avoir un goût amer. C'est seulement en vieillissant, lorsque les gousses se ramollissent ou se mettent à germer, que la saveur fraîche et piquante de l'ail se transforme en un goût passé, amer et très désagréable. Par ailleurs, surveillez bien l'ail quand vous le faites revenir car il brûle rapidement, ce qui peut également lui donner ce goût amer.

L'haleine d'ail

Vous avez peur d'avoir une haleine horrible après avoir consommé de l'ail ? Dégermez-le, et si cela ne suffit pas, utilisez une vieille astuce : le persil frais est ce qu'il y a de mieux pour neutraliser l'odeur de l'ail. Il vous suffit d'en mâcher une bonne quantité. Cela fonctionne également avec un grain de café.

Haché ou écrasé ?

L'ail est très facile à éplucher si vous écrasez d'abord la gousse entière. À l'aide d'un couteau large, appuyez sur la gousse avec la partie plate de la lame. La peau devrait partir toute seule, et l'ail sera prêt à être haché ou écrasé. Attention, si l'ail est écrasé, son jus donnera une saveur plus intense au plat que s'il est simplement haché ou émincé. C'est pour cette raison que de nombreuses personnes préfèrent hacher ou émincer l'ail plutôt que de l'écraser. Dans beaucoup de recettes italiennes, il faut garder la gousse entière, la faire revenir avec les autres ingrédients, puis la retirer du plat avant de servir. Cette technique permet d'obtenir une saveur plus douce qu'avec de l'ail coupé. Ceci est également vrai lors de la cuisson à l'étouffée d'un *ragù*.

Tortiglioni à la tomate et au parmesan

400 g de tortiglioni
1 cuill. à soupe d'huile d'olive
4 tomates coupées en 4
1 oignon rouge coupé en demi-rondelles
100 g de parmesan râpé
sel

1. Faites cuire les tortiglioni al dente dans un grand volume d'eau bouillante salée.
2. Pendant ce temps, faites chauffer l'huile d'olive dans une poêle et faites-y revenir les tomates et l'oignon à feu moyen, voire vif, pendant 5 minutes environ. Retirez du feu, puis mixez la préparation jusqu'à obtention d'une sauce lisse, mais contenant encore quelques morceaux.
3. Égouttez les tortiglioni et mélangez-les à la sauce. Répartissez dans des assiettes creuses et parsemez de parmesan râpé. Servez immédiatement.

Les oignons et les échalotes sont les parties souterraines de la plante, là où sont stockées ses réserves. Leur odeur forte et leur action sur nos glandes lacrymales sont en fait un mécanisme de défense. Les oignons rouges sont plus doux que les oignons blancs ou jaunes.

Tagliatelle au gorgonzola et à la sauge

400 g de tagliatelle all'uovo
10 cl de crème légère
200 g de gorgonzola émietté
1 petite poignée de feuilles de sauge hachées (gardez-en quelques-unes pour la décoration)
sel

1. Faites cuire les tagliatelle al dente dans un grand volume d'eau bouillante salée.
2. Pendant ce temps, faites chauffer la crème dans une petite casserole, puis ajoutez le gorgonzola. Lorsque le fromage est fondu, incorporez la sauge, puis retirez du feu.
3. Égouttez les tagliatelle et mélangez-les immédiatement à la sauce au gorgonzola. Répartissez dans 4 assiettes, décorez de feuilles de sauge, puis servez immédiatement.

La sauge, avec ses nuances de vert poudreux et ses feuilles longues et douces, est sans doute l'herbe aromatique la plus agréable à l'œil. C'est pourquoi on l'utilise si souvent comme plante ornementale de jardin. La sauge est également résistante au froid et peut survivre à une légère négligence du jardinier. Elle est donc l'herbe aromatique idéale pour ceux qui souhaitent démarrer un carré d'herbes.

Gnocchi alla ricotta

1 cuill. à soupe d'huile d'olive
500 g de tomates cerises
1 gousse d'ail hachée
½ piment rouge épépiné et coupé en fines lamelles
100 g de parmesan râpé
1 petite poignée de feuilles de basilic coupées en lamelles

Pour les gnocchi :
400 g de ricotta
100 g de farine italienne (semola di grano duro), prévoir un supplément pour pétrir les gnocchi
2 jaunes d'œufs
sel, poivre

1. Dans un grand saladier, mélangez tous les ingrédients pour les gnocchi, puis pétrissez le mélange sur le plan de travail fariné, jusqu'à obtention d'une pâte homogène.
2. Façonnez de longs rouleaux de pâte d'un diamètre de 2 cm environ. Coupez ces cylindres en biseau pour obtenir des morceaux de 2 cm de long.
3. Faites cuire les gnocchi dans un grand volume d'eau bouillante salée. Ne les faites pas cuire tous en même temps, mais par petites quantités. Dès qu'ils remontent à la surface, retirez les gnocchi à l'aide d'une écumoire. Laissez-les s'égoutter dans une passoire.
4. Faites chauffer l'huile dans une poêle et faites-y revenir rapidement les gnocchi de chaque côté. Ajoutez les tomates cerises, l'ail et le piment, et laissez cuire jusqu'à ce que les tomates ramollissent.
5. Répartissez les gnocchi dans 4 assiettes plates ou creuses. Servez avec le basilic et le parmesan râpé.

Les tomates italiennes

Imaginez une tomate rouge vif gorgée de soleil qui vient juste d'être cueillie par la main experte d'un maraîcher italien. Vous mordez dedans et le fruit tendre est plus doux, plus juteux et tout simplement bien plus savoureux que toutes les tomates que vous avez mangées jusqu'alors.

Importée à l'origine en Europe par les premiers explorateurs espagnols, il n'est pas très étonnant que la tomate ait pris tant d'importance au sein de la cuisine italienne. Du sol au climat, tout se prêtait parfaitement à la culture de celles qui sont maintenant parmi les tomates les plus savoureuses du monde. Quand on évoque les pâtes, on pense presque immédiatement à la sauce tomate qui les accompagne, que ce soit une simple sauce marinière à l'ail et aux herbes, une riche sauce tomate à la crème ou bien un généreux *ragù* hivernal à base de viande et de gibier. Quelle que soit la sauce que vous décidez de préparer, choisissez toujours des tomates fraîches bien mûres qui pourront donner une saveur assez proche de celle des tomates italiennes, saveur qui est très importante pour assurer la cohérence gustative du plat. Si vous ne pouvez pas vous procurer de tomates fraîches, n'hésitez pas à acheter des tomates italiennes en boîte. Ainsi conservées, elles gardent très bien leur saveur et ces *pomodori pelati* sont souvent bien meilleures que leurs cousines fades et pas assez mûres.

Les tomates séchées *(pomodori secchi)*

Plusieurs types de préparations de tomates sont également utilisés en cuisine italienne. Les tomates « séchées au soleil », contrairement à ce que leur nom indique, sont très souvent séchées industriellement dans des fours. Mais cela ne veut pas dire qu'elles sont pour autant moins savoureuses. Les *pomodori secchi* doivent d'abord être réhydratées dans un peu d'eau chaude si vous utilisez la variété sèche en sac. Les tomates conservées dans l'huile peuvent être utilisées directement.

Les tomates séchées maison

C'est l'été et les étals des primeurs débordent de tomates à prix bas ? Alors, ne laissez pas passer la chance de pouvoir préparer vous-même vos propres *pomodori secchi.* À cette période de l'année, les tomates sont souvent trop mûres pour pouvoir être gardées très longtemps ; elles doivent donc être transformées pour être conservées. Achetez quelques sacs de tomates et coupez-les toutes en deux. Salez, poivrez et arrosez d'huile d'olive, puis placez-les au four entre 50 et 100 °C (thermostat 2/3), côté chair vers le haut. Laissez la porte légèrement entr'ouverte pour permettre à la vapeur de s'échapper. Selon votre four et le type de tomates, le séchage peut prendre entre 5 et 7 heures. Mais votre patience sera récompensée par les meilleures tomates séchées qui soient : tendres, savoureuses, tout simplement délicieuses !

Le concentré de tomates, le *passata* et le *sugocasa*

Le concentré de tomates est extrêmement riche en goût ; il n'en faut qu'un peu pour ajouter de la couleur et du goût à un plat. Le coulis de tomates ou *passata* est obtenu à partir de tomates crues écrasées, puis filtrées pour retirer la peau et les pépins. Il est généralement vendu sous forme de petites briques. Le *sugocasa* est une sauce tomate non assaisonnée et préparée à partir de tomates coupées en gros morceaux. Il représente une bonne alternative aux tomates fraîches car il est élaboré à partir de tomates fraîchement cueillies et sans additifs artificiels.

Maccheroncini à la pancetta et au mascarpone

400 g de maccheroncini
1 cuill. à soupe d'huile d'olive
1 gousse d'ail hachée
200 g de pancetta coupée en lamelles
20 cl de crème légère
20 cl de bouillon de poule
200 g de mascarpone
sel

1. Faites cuire les maccheroncini al dente dans un grand volume d'eau bouillante salée.
2. Pendant que les pâtes cuisent, faites chauffer l'huile dans une poêle et faites-y revenir l'ail jusqu'à ce qu'il soit doré. Ajoutez ensuite la pancetta et faites frire les lamelles, en remuant sans cesse, jusqu'à ce qu'elles soient croustillantes.
3. Incorporez la crème et le bouillon de poule à la pancetta. Mélangez bien et portez à ébullition. Baissez ensuite le feu et laissez doucement mijoter pendant 2 minutes. Ajoutez ensuite le mascarpone et remuez jusqu'à ce qu'il soit bien délayé.
4. Égouttez les maccheroncini et mélangez-les à la sauce. Répartissez dans des assiettes et servez immédiatement.

✓ Pipe rigate à la sauce aux noix et au pecorino

400 g de pipe rigate
1 cuill. à soupe d'huile d'olive
2 gousses d'ail hachées
200 g de noix finement hachées
10 cl de crème légère
1 petite poignée de feuilles de basilic hachées
100 g de pecorino râpé
sel

1. Faites cuire les pipe rigate al dente dans un grand volume d'eau bouillante salée.
2. Pendant que les pâtes cuisent, faites chauffer l'huile dans une poêle et faites-y revenir l'ail jusqu'à ce qu'il soit doré. Ajoutez les noix hachées et faites cuire pendant 2 minutes supplémentaires.
3. Versez la crème sur les noix, mélangez bien et laissez doucement mijoter pendant quelques minutes. Incorporez le basilic et le pecorino à la sauce aux noix. Faites bien chauffer le tout, en remuant sans cesse.
4. Égouttez les pipe rigate et mélangez-les à la sauce aux noix et au pecorino.
5. Répartissez dans des assiettes creuses ou dans des bols. Servez immédiatement.

Il existe une multitude de types de crème, avec plus ou moins de matière grasse. Les plus connues sont : la crème légère (entre 12 et 30 % M.G.), la crème fraîche épaisse ou liquide (au moins 30 % M.G.), la crème à fouetter (entre 30 et 35 % M.G.) ou encore la crème à monter en chantilly (au moins 30 % M.G.). Pour la majorité des recettes de ce livre, c'est de la crème légère qu'il faudra utiliser. Cependant, n'hésitez pas à la remplacer par de la crème à fouetter ou de la crème fraîche si vous souhaitez que votre sauce soit plus riche. Attention, elle sera aussi moins digeste.

Les noix sont riches en acide alpha-linoléique, la version végétale des indispensables acides gras oméga-3 que l'on trouve aussi dans le poisson. Ils aident à réduire le taux de cholestérol et ils sont essentiels pour conserver une bonne vue, ainsi que pour le métabolisme du cerveau. Les noix contiennent également de l'arginine, un acide aminé à partir duquel le corps fabrique de l'oxyde nitrique qui favorise la dilatation des vaisseaux sanguins et rend leurs parois élastiques, permettant ainsi le contrôle du taux de graisse dans le sang.

Spaghetti complets aux poivrons et au fromage de chèvre

2 poivrons rouges
2 poivrons jaunes
2 poivrons verts
1 cuill. à soupe d'huile d'olive
3 gousses d'ail hachées
1 cuill. à soupe de vinaigre balsamique
400 g de spaghetti complets (spaghetti integrali)
150 g de fromage de chèvre doux
1 petite poignée de persil grossièrement haché
sel

1. Préchauffez le four à 200 °C (thermostat 6/7)
2. Déposez les poivrons dans un plat et faites-les cuire au four pendant 30 minutes environ.
3. Recouvrez ensuite le plat de papier aluminium (ou d'un linge) et remettez-le dans le four éteint. Une fois les poivrons refroidis, retirez la queue, les pépins et la peau (elle devrait s'enlever facilement). Conservez leur jus et coupez-les en fines lamelles.
4. Faites chauffer l'huile dans une poêle et faites-y revenir l'ail pendant 1 minute, sans le laisser brunir. Ajoutez délicatement les lamelles de poivrons, le jus réservé et le vinaigre balsamique.
5. Faites cuire les spaghetti al dente dans un grand volume d'eau bouillante salée. Égouttez-les, puis mélangez-les à la sauce.
6. Répartissez les pâtes dans 4 assiettes creuses. Parsemez de miettes de fromage de chèvre et de persil. Servez immédiatement.

Antica Cantina di Bacco
ENOTECA
PANINI
FORMAGGI VARI
INSALATONE

Penne aux poires, aux pistaches et au gorgonzola

4 poires
1 cuill. à soupe de jus de citron frais
400 g de penne
1,5 cuill. à soupe de beurre
1 cuill. à café de sucre en poudre
2 cuill. à soupe de vodka
200 g de gorgonzola coupé en petits dés
1 petite poignée de persil finement haché
2 cuill. à soupe de pistaches concassées
sel

1. Pelez les poires et retirez le trognon. Coupez-les en petits dés, puis arrosez-les de jus de citron.
2. Faites cuire les penne al dente dans un grand volume d'eau bouillante salée.
3. Pendant ce temps, faites fondre le beurre dans une grande poêle et faites-y revenir les dés de poires et le sucre. Versez la vodka et ajoutez une pincée de sel. Faites cuire brièvement à feu vif pour faire s'évaporer l'alcool.
4. Égouttez les penne. Réservez 2 cuillères à soupe d'eau de cuisson.
5. Incorporez les penne et l'eau de cuisson réservée dans la préparation aux poires. Ajoutez le gorgonzola et la moitié du persil et des pistaches.
6. Répartissez les pâtes dans des assiettes creuses ou dans des bols. Parsemez chaque assiette du reste de pistaches et de persil. Servez immédiatement.

Ne choisissez pas une variété de poires uniquement à son apparence. Sur les 5 000 variétés, un grand nombre sont granuleuses et peu goûteuses. Nous sommes souvent déçus par le goût fade et la texture des fruits d'apparence parfaite, alors que des fruits d'aspect moins jolis sont bien souvent succulents. Pour cette recette, utilisez les variétés Doyenné du Comice ou Conférence.

Pipe rigate aux noix et à la ricotta

400 g de pipe rigate
1 cuill. à soupe d'huile d'olive
200 g de noix de cajou finement broyées
100 g de pignons de pin finement broyés + 1 cuill. à soupe de pignons entiers
1 gousse d'ail écrasée
200 g de ricotta
10 cl de crème légère
100 g de parmesan
1 poignée de roquette hachée
sel, poivre noir du moulin

1. Faites cuire les pipe rigate al dente dans un grand volume d'eau bouillante salée.
2. Pendant que les pâtes cuisent, faites chauffer l'huile dans une grande poêle. Faites-y revenir les noix de cajou et les pignons de pin broyés pendant 2 minutes environ, en remuant sans cesse. Ajoutez l'ail et faites cuire pendant 1 minute supplémentaire.
3. Incorporez la ricotta, la crème, le parmesan, les pignons entiers et la roquette hachée. Poivrez.
4. Égouttez les pipe rigate et mélangez-les directement à la sauce au fromage et aux noix. Réchauffez bien le tout et répartissez dans des assiettes creuses. Servez immédiatement.

Fettuccine aux épinards et à la fontine

400 g de fettuccine
1 cuill. à soupe d'huile d'olive
1 échalote finement hachée
400 g d'épinards finement hachés
8 tomates séchées coupées en lamelles et réhydratées
2 cuill. à soupe de pignons de pin grillés à la poêle à feu très doux
200 g de fontine coupée en petits cubes
sel

1. Faites cuire les fettuccine al dente dans un grand volume d'eau bouillante salée.
2. Pendant ce temps, faites chauffer l'huile d'olive dans une poêle et faites-y revenir l'échalote jusqu'à ce qu'elle devienne translucide. Ajoutez ensuite les épinards et faites cuire à feu vif jusqu'à ce qu'ils commencent à flétrir. Incorporez les lamelles de tomates réhydratées et les pignons de pin, puis laissez cuire 1 minute supplémentaire, en remuant sans cesse. Retirez ensuite la poêle du feu.
3. Égouttez les fettuccine, puis mélangez-les à la préparation aux épinards et aux dés de fontine.
4. Répartissez les pâtes dans des assiettes et servez immédiatement.

Un grand nombre de chefs cuisiniers ne jurent que par la saveur délicate de l'échalote. Comparée à l'oignon, elle est aussi bien plus digeste. Son seul inconvénient réside dans la difficulté à l'éplucher et à l'émincer : elle fait pleurer les yeux sensibles.

Le vinaigre balsamique

Aceto balsamico tradizionale di Modena

Ce vinaigre produit à Modène dans des fûts en bois spéciaux demande une longue phase de vieillissement. On lui attribuait autrefois des vertus médicinales. Il est doux et soyeux, et son arôme complexe est inimitable. Quelques gouttes suffisent pour relever le plus simple des plats de pâtes.

Il est difficile de se procurer du véritable *aceto balsamico* en dehors des boutiques gastronomiques spécialisées. Bien sûr, tous les supermarchés proposent du vinaigre qualifié de « balsamique ». Mais ne vous laissez pas duper : ces produits n'ont souvent rien à voir avec le véritable vinaigre balsamique. L'authentique *aceto balsamico tradizionale di Modena* est élaboré à partir du moût concentré de raisin blanc *trebbiano*. Il est ensuite vieilli pendant des dizaines d'années (parfois un demi-siècle). Durant ce processus, le vinaigre passe par une succession de plusieurs fûts de types différents : châtaignier, cerisier, frêne, puis genévrier, chaque fût étant plus petit que le précédent. Ces fûts sont stockés dans des greniers parcourus de courants d'air où ils sont délibérément exposés à des températures extrêmes. Ils ne sont remplis qu'aux deux tiers, ce qui permet à l'oxygène d'interagir avec le vinaigre. Au fil du temps, une grande quantité de liquide s'évapore, ce qui entraîne la formation d'un vinaigre extrêmement concentré. Le produit obtenu est marron foncé et soyeux, il a la consistance d'un sirop et sa saveur est d'une complexité inégalée. Ce vinaigre est si exquis qu'on en boirait presque !

Tradizionale

Le problème de l'*aceto balsamico* est que son appellation n'est pas assez protégée. Si c'était le cas, les supermarchés n'auraient pas le droit de vendre n'importe quel vinaigre marron vieilli sous le nom de balsamique. Cela ne veut pas dire que ces vinaigres sont nécessairement mauvais : ce sont généralement des vinaigres de vin tout ce qu'il y a de plus correct, auxquels a été ajouté du caramel afin qu'ils aient une couleur plus sombre et un goût plus doux. Il leur manque simplement les décennies de vieillissement en fût, la saveur délicieusement complexe et la consistance épaisse qui garantissent l'authenticité du vrai vinaigre balsamique. L'appellation *di Modena* sur l'étiquette n'est pas une garantie de l'origine du vinaigre. Il n'en va pas de même pour l'appellation *tradizionale :* tout vinaigre désigné comme tel doit avoir vieilli en fût de bois pendant au moins 12 ans.

La qualité

Vous pourrez trouver dans certaines boutiques spécialisées de l'*aceto* qui n'est pas *tradizionale*, mais qui a tout de même été vieilli en fût de bois et qui est de qualité. L'*aceto* authentique a une consistance sirupeuse et ne contient ni colorant, ni additif. Il faut parfois en goûter quelques-uns avant de trouver le bon. Le prix peut aussi être un indicateur : une petite bouteille (en général 10 cl) de bon vinaigre balsamique peut aisément coûter entre 20 et 25 euros. En revanche, la même bouteille de véritable balsamique *tradizionale* peut facilement atteindre les 60 euros... Choisir du vinaigre équivaut presque à choisir un bijou, la saveur en plus... Quelques gouttes versées au bon endroit dans des plats ou des sauces feront toute la différence. Faites cependant attention à ne pas gâcher le goût du précieux nectar en ajoutant trop d'ingrédients : vous commettriez un véritable péché culinaire ! Pour réaliser la plupart des sauces pour pâtes, une variété de vinaigre moins chère est largement suffisante.

Les salades de pâtes aux légumes, au poulet ou encore aux fruits de mer ne sont probablement pas de pure tradition italienne. Elles sont très certainement nées de la cuisine fusion de la fin du XXe siècle. De nos jours, les salades de pâtes sont également servies en Italie, en général accompagnées d'huile d'olive et de vinaigre. Pour ce type de plats, les pâtes courtes sont préférées aux pâtes longues, car elles se marient mieux avec des légumes coupés en gros morceaux (souvent de la même taille que les pâtes elles-mêmes). Après leur cuisson, rincez les pâtes sous l'eau froide. Cette étape est importante afin de refroidir rapidement les pâtes, sinon leur propre chaleur va continuer à les ramollir. Le fait de les rincer permet aussi d'ôter la pellicule d'amidon qui rendrait les pâtes trop collantes pour une salade froide. Dans les plats de pâtes chaudes, c'est ce

Les salades de pâtes

même amidon qui permet à la sauce d'adhérer ; ne rincez vos pâtes que si vous souhaitez les consommer froides, mais jamais pour des plats chauds ! Ne laissez pas non plus vos pâtes baigner dans l'eau. Égouttez-les bien et mélangez-les avec de l'huile d'olive ou tout autre assaisonnement de votre choix. Pour ceux à base de mayonnaise, attendez que les pâtes aient bien refroidi avant de les mélanger. Les salades de pâtes sont merveilleusement variées et très nourrissantes. Vous pcuvez aussi les conserver quelques temps en dehors du réfrigérateur, même après les avoir assaisonnées, sauf si elles contiennent de la viande fraîche ou des fruits de mer. Elles sont donc idéales pour un pique-nique ou comme accompagnement lors d'un barbecue.

Les recettes qui suivent sont toutes prévues pour 4 personnes.

Ⓥ Penne au fromage affiné et à l'avocat

400 g de penne
200 g de fromage à pâte dure coupé en petits dés
1 oignon rouge coupé en demi-rondelles
4 tomates épépinées et coupées en petits morceaux
1 petite poignée de feuilles de coriandre fraîches hachées
1 avocat mûr coupé en petits dés
le jus de 2 citrons verts
sel

1. Faites cuire les penne al dente dans un grand volume d'eau bouillante salée.
2. Passez-les ensuite rapidement sous l'eau froide, puis égouttez-les bien. Une fois égouttées, versez-les dans un grand saladier.
3. Ajoutez les dés de fromage, l'oignon rouge, les tomates, la coriandre et l'avocat. Arrosez de jus de citron vert selon votre goût et dégustez sans attendre.

Il existe plus de 500 variétés d'avocats : certains ne sont pas plus gros qu'un pouce et d'autres pèsent près d'1 kg (en particulier ceux provenant des Antilles). La meilleure façon de découper un avocat est de le couper en deux jusqu'au noyau, puis de faire pivoter doucement chaque moitié dans un sens différent pour les détacher.

Mezzi rigatoni aux pois mange-tout et au thon

400 g de mezzi rigatoni
1 cuill. à soupe d'huile d'olive
1 oignon haché
2 gousses d'ail écrasées
4 tomates épépinées et coupées en petits morceaux
200 g de pois mange-tout cuits dans de l'eau bouillante jusqu'à ce qu'ils soient bien tendres (rincez-les pour les refroidir et plongez-lez dans de l'eau glacée pour leur conserver leur belle couleur verte.)
12 olives noires dénoyautées et coupées en 2
1 boîte de thon à l'huile (égoutté)
1 petite poignée de feuilles de basilic hachées
sel

1. Faites cuire les mezzi rigatoni al dente dans un grand volume d'eau bouillante salée.
2. Pendant que les pâtes cuisent, faites chauffer l'huile dans une poêle et faites-y revenir l'ail et l'oignon pendant 1 minute. Retirez ensuite du feu.
3. Passez ensuite rapidement les pâtes sous l'eau froide, puis égouttez-les bien. Une fois égouttées, versez-les dans un grand saladier.
4. Mélangez les pâtes avec l'oignon et l'ail, les tomates, les pois mange-tout, les olives, le thon et le basilic.
5. Servez dans des petits bols.

La meilleure façon de dénoyauter une olive est de la déposer sur une surface plane et d'appuyer dessus avec une spatule en métal, en frottant un peu d'avant en arrière. Le noyau devrait alors s'enlever facilement.

Fusilli bucati à la bresaola et à la roquette

400 g de fusilli bucati
100 g de bresaola coupée en fines lamelles
150 g de roquette
3 cuill. à soupe de pignons de pin grillés à la poêle à feu très doux
2 gousses d'ail hachées
100 g de parmesan râpé
4 cuill. à soupe d'huile d'olive
sel

1. Faites cuire les pâtes al dente dans un grand volume d'eau bouillante salée. Passez-les ensuite sous l'eau froide.
2. Pour le pesto, broyez la roquette, les pignons de pin, l'ail et le fromage au mixeur. Ajoutez l'huile à la fin.
3. Mélangez les pâtes froides au pesto et à la bresaola, puis servez en salade.

Certains se demandaient si la gravité était nécessaire à la bonne croissance d'une plante. Le spationaute André Kuipers a répondu à cette question en 2004 lors d'un voyage dans l'espace. Il avait semé de la roquette et observé les plants, remarquant qu'ils poussaient un peu dans toutes les directions, sans réelle structure. On a ainsi découvert qu'une plante a besoin de la gravité pour déterminer dans quelle direction elle va pousser.

Linguine noires et salade de poulpe

1 petit poulpe frais
5 cuill. à soupe d'huile d'olive
5 cl de vin blanc sec
1 oignon rouge coupé en rondelles
½ poivron rouge coupé en dés
½ poivron jaune coupé en dés
1 gousse d'ail écrasée
le jus d'un citron
1 branche de romarin finement haché
1 branche de thym finement haché
10 olives noires dénoyautées et hachées
400 g de linguine noires
sel

1. Portez à ébullition un grand volume d'eau. Salez, puis plongez-y le poulpe entier. Réduisez le feu et laissez cuire pendant 1 heure environ. Le poulpe est prêt lorsque vous pouvez enfoncer facilement la lame d'un couteau dans la partie la plus épaisse.
2. Rincez brièvement le poulpe sous l'eau froide et ôtez la partie gluante qui se trouve entre les tentacules. Coupez ensuite le poulpe en petits morceaux.
3. Dans un grand saladier, mélangez au fouet l'huile d'olive et le vin blanc pour préparer l'assaisonnement. Incorporez les morceaux de poulpe, les poivrons, l'oignon rouge, l'ail, le jus de citron, le romarin, le thym et les olives. Salez et, si nécessaire, ajoutez un peu de jus de citron selon votre goût (le plat doit être légèrement acide). Laissez reposer pendant 2 heures minimum (ou idéalement toute une nuit). Cela permet aux saveurs de bien se marier entre elles.
4. Faites cuire les linguine al dente dans un grand volume d'eau bouillante salée.
5. Rincez brièvement les pâtes sous l'eau froide, puis égouttez-les bien.
6. Répartissez les linguine froides dans des assiettes et déposez la salade de poulpe par-dessus.

La chair d'un gros poulpe aux tentacules épais peut s'avérer très dure. Pour la rendre plus tendre, les pêcheurs avaient une technique : ils frappaient plusieurs fois de suite le poulpe contre les rochers. Heureusement pour nous, la congélation permet d'obtenir les mêmes résultats.

Salade de gnocchetti au crabe frais et à la roquette

400 g de gnocchetti
200 g de chair de crabe fraîche
2 gousses d'ail hachées
1 petite poignée de ciboulette fraîche hachée
50 g de roquette hachée
le jus de 2 citrons verts
1 cuill. à soupe d'huile d'olive
sel, poivre

1. Faites cuire les gnocchetti al dente dans un grand volume d'eau bouillante salée.
2. Pendant ce temps, mélangez la chair de crabe avec l'ail, la ciboulette, la roquette et le jus des citrons verts. Incorporez l'huile et mélangez bien. Salez et poivrez à votre convenance.
3. Rincez brièvement les gnocchetti sous l'eau froide, puis égouttez-les bien.
4. Mélangez les pâtes à la préparation au crabe et laissez reposer pendant 30 minutes environ pour que les saveurs se mélangent bien entre elles. Répartissez dans 4 assiettes et servez.

La roquette est riche en vitamine C, mais elle contient également un taux élevé de nitrate. C'est pourquoi il est conseillé de ne pas en manger en quantité excessive. La dose journalière de nitrate recommandée est de 260 mg pour une personne pesant 70 kg, ce qui équivaut à environ 20 g de roquette.

Le poivron appartient à la même famille que le piment. Les poivrons rouges sont en réalité des poivrons verts que l'on a laissés mûrir. Les poivrons jaunes, orange et violets (noirs) sont des variétés différentes.

Mezzi rigatoni au poulet et aux asperges blanches

400 g de mezzi rigatoni
1 cuill. à soupe d'huile d'olive
2 gousses d'ail hachées
200 g de filets de poulet coupés en dés
1 poivron jaune coupé en dés
500 g de tomates cerises coupées en 2
500 g d'asperges blanches épluchées coupées en morceaux et cuites al dente
1 petite poignée de ciboulette fraîche hachée
sel

Pour l'assaisonnement au balsamique :
1 jaune d'œuf
1 cuill. à café de moutarde
1 cuill. à café de miel
10 cl de bouillon de légumes
1 cuill. à soupe de vinaigre balsamique
5 cuill. à soupe d'huile de germes de maïs
sel

1. Faites cuire les mezzi rigatoni al dente dans un grand volume d'eau bouillante salée.
2. Pendant ce temps, faites chauffer l'huile d'olive dans une poêle et faites-y revenir l'ail rapidement. Ajoutez le poulet et faites cuire pendant 2 minutes environ, jusqu'à ce qu'il soit bien doré et bien cuit.
3. Pour l'assaisonnement au balsamique, mixez le jaune d'œuf, la moutarde, le miel, le bouillon et le vinaigre. Incorporez l'huile progressivement. Cela doit lui permettre de s'émulsionner et ainsi donner une consistance soyeuse à la sauce. Goûtez et salez si besoin. Ajoutez du miel ou de l'huile si vous le jugez nécessaire.
4. Rincez brièvement les mezzi rigatoni sous l'eau froide, puis égouttez-les. Versez-les dans un grand saladier après les avoir égouttés.
5. Incorporez aux pâtes le poulet cuit, le poivron, les tomates, les asperges et la ciboulette. Versez la sauce balsamique par-dessus et mélangez le tout délicatement.

Fusilli au saumon et aux fruits de mer

400 g de fusilli
1 cuill. à soupe d'huile d'olive
100 g de petits poulpes
100 g de filets de saumon coupés en dés
12 langoustines ou grosses crevettes crues décortiquées et déveinées
100 g de chair de crabe fraîche
1 oignon rouge coupé en demi-rondelles
1 ciboule coupée en petites rondelles fines
12 olives dénoyautées
2 cuill. à soupe de yaourt au lait entier
1 cuill. à soupe de vinaigre balsamique
1 petite poignée d'aneth grossièrement haché (prévoir un supplément pour la décoration)
sel

1. Faites cuire les fusilli al dente dans un grand volume d'eau bouillante salée.
2. Pendant ce temps, faites chauffer l'huile d'olive dans une poêle et faites-y revenir les petits poulpes pendant 2 minutes environ. Ajoutez le saumon et les langoustines, puis faites cuire pendant 1 minute supplémentaire. Retirez ensuite du feu.
3. Incorporez délicatement le crabe, l'oignon rouge, la ciboule et les olives, puis laissez refroidir.
4. Rincez brièvement les fusilli sous l'eau froide, puis égouttez-les bien. Versez-les ensuite dans un grand saladier.
5. À l'aide d'un fouet, mélangez le yaourt, le vinaigre et l'aneth. Salez la sauce ainsi obtenue selon votre goût.
6. Mélangez les pâtes à la préparation aux fruits de mer et déposez la sauce au yaourt par-dessus. Servez dans des assiettes creuses et décorez d'aneth.

L'aneth tient une place importante dans les cuisines russe, allemande, polonaise, scandinave et balte. L'une des recettes les plus célèbres contenant de l'aneth est le *gravad lax*, un plat suédois à base de saumon mariné. L'aneth n'est jamais cuit avec les autres ingrédients car une chaleur trop forte lui fait perdre toute sa saveur anisée. Si toutes les parties de la plante sont aromatiques, les graines sont plus amères.

Salade de penne à la tapenade de thon

400 g de penne
sel

Pour la tapenade de thon :
100 g d'olives noires dénoyautées et finement hachées
1 cuill. à soupe de câpres finement hachées
10 anchois (en boîte) finement hachés
1 boîte de thon à l'huile égoutté
10 cl d'huile d'olive
4 tomates séchées à l'huile finement hachées
2 cuill. à soupe de basilic frais haché
1 cuill. à soupe de jus de citron

1. Faites cuire les penne al dente dans un grand volume d'eau bouillante salée.
2. Rincez-les brièvement sous l'eau froide et égouttez-les bien. Versez-les ensuite dans un grand saladier.
3. Mélangez bien tous les ingrédients pour la tapenade et déposez-en sur les pâtes. Servez la salade de pâtes dans de petits bols.

Orecchiette aux haricots et aux raisins secs

1 cuill. à soupe de vinaigre de vin blanc
1 cuill. à soupe de sucre en poudre
10 cl de bouillon de légumes
1 cuill. à soupe d'huile d'olive
2 cuill. à soupe de raisins secs
400 g de haricots de Lima (en boîte)
200 g de haricots verts cuits al dente et rincés sous l'eau froide
1 oignon rouge coupé en demi-rondelles
½ piment rouge épépiné et coupé en fines rondelles
1 petite poignée de persil haché
400 g d'orecchiette
sel, poivre du moulin

1. Pour l'assaisonnement, mélangez le vinaigre, le sucre et le bouillon dans une petite casserole. Faites chauffer à feu doux et remuez jusqu'à ce que le sucre soit dissout. Retirez du feu et versez la préparation dans un grand saladier.
2. Incorporez l'huile, les raisins, les haricots de Lima, les haricots verts, l'oignon rouge, le piment et le persil, et laissez mariner pendant 30 minutes environ.
3. Pendant ce temps, faites cuire les orecchiette al dente dans un grand volume d'eau bouillante salée.
4. Rincez brièvement les pâtes sous l'eau froide, puis égouttez-les.
5. Mélangez les pâtes à la préparation aux haricots, puis salez et poivrez à votre convenance. Servez dans des petits bols.

Un raisin sec est constitué de sucres à 90 %. La moitié de ces sucres se compose de fructose et l'autre moitié de glucose. Si les raisins sont conservés longtemps, ces sucres peuvent se cristalliser, donnant aux raisins une texture granuleuse. Placez-les dans n'importe quel type de liquide (alcool, jus de fruits, thé ou eau bouillante) pour les réhydrater. Cela permettra aux sucres cristallisés de se dissoudre.

FINOCCHIO
POLVERE
ANETO
CURRY
FINOCCHIO
CHILI
ORTICA
PIZZA
BOLOGNESE
EROTICA
PESTO

AVUI
CASH

Les olives et les câpres

Ajoutez une poignée d'olives et quelques cuillères à soupe de câpres dans une sauce tomate toute simple et votre plat sera sublime. Si vous ajoutez de l'aubergine et quelques lamelles de poivron, votre sauce sera prête pour des *spaghetti alla siracusana.* Et avec quelques anchois, vous obtiendrez la sauce *alla puttanesca.* Il suffit de quelques olives et de quelques câpres pour donner à vos plats une véritable note méditerranéenne.

Si vous essayez un jour de manger une olive fraîchement cueillie, vous risquez d'être amèrement surpris. Les olives ne sont comestibles qu'une fois traitées, généralement dans de l'eau salée. Il y a plusieurs méthodes de traitement en Italie. La plus commune est celle qui consiste à rincer à l'eau les olives fraîchement cueillies, puis de les faire bouillir dans une solution salée. Après refroidissement, elles sont conservées dans cette saumure pendant un mois, puis l'opération entière est répétée. Il faut un mois supplémentaire pour que les olives perdent leur amertume. Elles sont ensuite prêtes à être consommées. Elles sont parfois marinées dans de l'huile d'olive aromatisée aux herbes, à l'ail, aux piments ou à toutes sortes d'épices, ce qui les rend encore plus savoureuses. Le procédé est quasiment identique que les olives soient noires ou vertes.

Vertes ou noires

La couleur d'une olive n'a rien à voir avec sa variété. Il s'agit en fait d'olives à différents stades de maturation. Lorsque les olives mûrissent sur l'arbre, elles passent du vert au violet, pour prendre finalement une couleur noire.

Les câpres

Les câpres sont les petits boutons floraux du câprier. En y regardant de plus près, vous apercevrez les petits pétales. Il en existe de différentes formes et tailles. Les grosses câpres sont plus âpres que les petites, qui ont un goût plus fin. Elles sont récoltées à la main, puis confites dans du sel ou du vinaigre (souvent même dans les deux). Cela vaut vraiment la peine d'essayer de trouver de véritables câpres italiennes au sel. Leur goût et leur texture sont en effet très différents de celles au vinaigre. Plongez-les quelques minutes dans de l'eau froide, puis égouttez-les. Cela permettra à leur saveur unique de se révéler.

Les fruits du câprier

Les fruits du câprier sont de petites baies, un peu plus grosses que les boutons, qui sont vendues confites avec leur tige.

Si vous avez un jour l'occasion de voir des italiennes faire leurs propres *tortellini*, observez-les façonner à la main et à toute vitesse ces petits paquets de pâtes, tout en papotant gaiement de tout et de rien. Vous remarquerez qu'au bout d'un certain temps, les doigts façonnent machinalement les tortellini. Essayez vous-même. Après l'avoir fait une fois, vous irez de plus en plus vite. Mais n'allez pas imaginer que vous pourrez être plus rapide qu'une italienne ! Les pâtes farcies, comme les autres types de pâtes, ont plusieurs formes différentes. Les *ravioli* sont carrés, les *agnolotti* sont en forme de demi-lunes, les *pansotti* en forme de triangles et les *fagottini* ressemblent à de petites enveloppes. Les *tortellini* sont des demi-lunes dont les bords sont repliés sur eux-mêmes et les *cappellacci* sont des triangles repliés de la même façon, ce qui les fait ressembler à des chapeaux de curés. Ils sont délicieux en entrée, lors de grandes occasions. Vous pouvez être certain que la finesse de leurs détails ne passera pas inaperçue. Les *lasagne* ou toute autre sorte de pâtes farcies sont le plat idéal

Les pâtes farcies

lorsque vous êtes nombreux à table. Elles ont en effet l'avantage de pouvoir être préparées à l'avance, puis réchauffées au four avant d'être servies. Vous pouvez garder vos ravioli frais au réfrigérateur pendant 2 jours maximum, s'ils sont dans un récipient bien fermé. Vous pouvez également les congeler (selon les ingrédients de la farce). Mettez d'abord vos ravioli dans l'un des tiroirs du congélateur, en faisant bien attention à ce qu'ils ne se touchent pas (sinon ils se colleront les uns aux autres). Une fois bien congelés, il ne vous reste plus qu'à les mettre dans une boîte en plastique ou bien dans un sac congélation. Gardez vos ravioli au congélateur jusqu'à ce que vous souhaitiez les consommer. Plongez-les directement dans un grand volume d'eau bouillante salée, sans les décongeler. Vous pouvez utiliser deux récipients si nécessaire. Le temps de cuisson n'est pas beaucoup plus long que pour les ravioli frais. Goûtez-en un au bout de quelques minutes pour vérifier s'il est cuit.
Les recettes qui suivent sont toutes prévues pour 4 personnes.

Caramella au saumon et à la sauce au citron

Pour la pâte :
300 g de farine italienne pour pâtes (de type 00) tamisée
3 œufs
½ cuill. à café de sel

Pour la farce :
100 g de saumon fumé en petits morceaux
100 g de saumon frais coupé en dés
200 g de ricotta
le jus et le zeste d'un citron
1 petite poignée de ciboulette fraîche hachée
12,5 cl de crème fraîche
sel, poivre

1. Faites un tas avec la farine et creusez un puits au centre. Cassez les œufs et versez-les dans le puits, avec le sel. À l'aide d'une fourchette, mélangez délicatement, du centre vers l'extérieur, jusqu'à ce que le mélange soit bien homogène. Pétrissez la pâte obtenue pendant 10 à 15 minutes ou bien jusqu'à ce qu'elle soit douce et élastique. Recouvrez-la de film alimentaire et laissez-la reposer pendant au moins 30 minutes.
2. Pour la farce, mélangez le saumon fumé, le saumon frais, la ricotta, 1 cuillère à soupe de zeste de citron et la moitié de la ciboulette.
3. Abaissez la pâte au rouleau et coupez-la en rectangles d'environ 8 x 5 cm. Sur chaque rectangle, déposez une cuillérée de garniture, puis roulez la pâte sur elle-même, dans le sens de la longueur. Pincez les extrémités et tortillez-les comme pour emballer un bonbon.
4. Faites cuire les bonbons obtenus dans un grand volume d'eau bouillante salée pendant 5 minutes environ.
5. Pour la sauce, mélangez la crème fraîche, le jus de citron et le reste de ciboulette. Salez et poivrez.
6. Égouttez bien les bonbons, puis répartissez-les dans des assiettes et servez la sauce à part.

Tortellini au veau et au parmesan

Pour la pâte :
300 g de farine italienne pour pâtes (de type 00) tamisée
3 œufs
½ cuill. à café de sel

Pour la farce :
100 g de veau haché
1 petite poignée d'herbes aromatiques fraîches (comme le persil, l'estragon ou le basilic) hachées
1 œuf battu
environ 100 g de parmesan râpé
sel, poivre

1. Faites un tas avec la farine et creusez un puits au centre. Cassez les œufs et versez-les dans le puits, avec le sel. À l'aide d'une fourchette, mélangez délicatement, du centre vers l'extérieur, jusqu'à ce que le mélange soit bien homogène. Pétrissez la pâte obtenue pendant 10 à 15 minutes ou bien jusqu'à ce qu'elle soit douce et élastique. Recouvrez-la de film alimentaire et laissez-la reposer pendant au moins 30 minutes.
2. Pour la farce, mélangez la viande, l'œuf battu, les herbes aromatiques, puis salez et poivrez. Incorporez juste ce qu'il faut de parmesan pour que la farce soit meilleure et plus compacte.
3. Sur une surface sèche et farinée, abaissez la pâte et faites plusieurs rectangles d'une épaisseur de 2 à 3 mm. À l'aide de petits moules cannelés ou d'un emporte-pièce de forme circulaire, découpez plusieurs ronds dans la pâte. Déposez une cuillérée de farce sur chaque rond et humidifiez légèrement les bords à l'aide d'un pinceau trempé dans un peu d'eau. Pliez la pâte en deux pour former une demi-lune et pressez bien les bords. Rapprochez ensuite les extrémités et pressez-les fortement pour les coller.
4. Faites cuire les tortellini dans un grand volume d'eau bouillante salée pendant 3 à 4 minutes.
5. Répartissez les tortellini dans 4 assiettes, puis parsemez du reste de parmesan. Servez immédiatement.

La couleur d'un jaune d'œuf peut varier considérablement. Cela ne reflète pas les conditions d'élevage des poules, mais dépend de leur régime alimentaire. Si les poules sont principalement nourries au grain, le jaune restera clair. Si leur alimentation est riche en carotène, les jaunes seront plus foncés.

Ravioli aux poivrons, à la ricotta, aux aubergines et au mascarpone

1 poivron rouge coupé en dés
4 cuill. à soupe d'huile d'olive
1 aubergine dont 1/3 coupé en petits dés et le reste coupé en demi-rondelles
100 g de ricotta
50 g de mascarpone
6 gousses d'ail finement hachées
12 feuilles de basilic coupées en fines lamelles
2 cuill. à soupe d'olives noires dénoyautées et coupées en 2
2 cuill. à soupe de vinaigre balsamique
sel, poivre

Pour la pâte :
300 g de farine italienne pour pâtes (de type 00) tamisée
3 œufs
½ cuill. à café de sel

L'aubergine est originaire d'Asie et appartient à la famille des tomates. En Occident, nous connaissons surtout les aubergines violettes, mais il existe aussi des aubergines de la même taille et de la même couleur qu'un œuf. Certaines variétés peuvent aussi être roses, jaunes, vertes ou tachetées. Les mini-aubergines, de la taille d'une bille, sont très utilisées dans la cuisine thaï.

1. Faites un tas avec la farine et creusez un puits au centre. Cassez les œufs et versez-les dans le puits, avec le sel. À l'aide d'une fourchette, mélangez délicatement, du centre vers l'extérieur, jusqu'à ce que le mélange soit bien homogène. Pétrissez la pâte obtenue pendant 10 à 15 minutes ou bien jusqu'à ce qu'elle soit douce et élastique. Recouvrez-la de film alimentaire et laissez-la reposer pendant au moins 30 minutes.
2. Pour la farce, faites revenir à la poêle pendant quelques minutes la moitié du poivron et les dés d'aubergine dans 1 cuillère à soupe d'huile d'olive. Ajoutez la ricotta et le mascarpone, mélangez bien, puis salez et poivrez selon votre goût.
3. Sur une surface sèche et farinée, abaissez la pâte au rouleau et faites plusieurs rectangles d'une épaisseur de 2 à 3 mm. Imaginez une ligne au centre de chaque rectangle de pâte. Déposez plusieurs cuillerées de garniture sur un côté de la ligne. À l'aide d'un pinceau mouillé, humidifiez la pâte autour de chaque cuillérée de farce. Repliez la pâte pour recouvrir la farce et appuyez autour de chaque portion afin de fermer les ravioli. Découpez ensuite chaque ravioli avec une roulette à ravioli ou un couteau bien aiguisé. Fermez bien les bords en pressant avec une fourchette.
4. Faites revenir l'ail dans le reste d'huile d'olive jusqu'à ce qu'il soit doré. Ajoutez ensuite les demi-rondelles d'aubergine. Faites cuire pendant 2 minutes environ, incorporez le reste de poivron et faites cuire pendant 1 minute de plus. Éteignez le feu et ajoutez le basilic.
5. Dans un grand volume d'eau bouillante salée, faites cuire les ravioli pendant 3 minutes environ.
6. Répartissez la poêlée d'aubergine et de poivron dans des assiettes et déposez les ravioli par-dessus. Décorez avec des olives et arrosez d'un filet de vinaigre balsamique. Servez immédiatement.

12

Agnolotti à la mousse d'artichauts et à la sauce tomate

Pour la pâte :
300 g de farine italienne pour pâtes (de type 00) tamisée
3 œufs
½ cuill. à café de sel

Pour la farce :
1 boîte de cœurs d'artichauts à l'huile (400 g)
1 gousse d'ail écrasée
1 petite poignée de feuilles de basilic hachées
50 g de parmesan râpé
sel, poivre

Pour la sauce tomate :
3 cuill. à soupe d'huile d'olive
1 carotte coupée en fines rondelles
1 oignon coupé en fines rondelles
1 branche de céleri coupée en fines rondelles
400 g de tomates fraîches pelées ou de tomates pelées en boîte, grossièrement coupées
2 cuill. à soupe d'herbes aromatiques fraîches (basilic, origan, persil, thym…)
et quelques feuilles de basilic ciselées pour la décoration
sel, poivre

Les *agnolotti* sont une sorte de ravioli faits dans des petits morceaux de pâte ronds. Ils sont originaires du Piémont, où la farce était préparée avec des restes de légumes et de viande.

1. Pour la sauce tomate, faites chauffer de l'huile dans une poêle et faites-y revenir la carotte, l'oignon et le céleri. Ajoutez les tomates et le mélange d'herbes aromatiques. Baissez le feu et laissez mijoter pendant 20 minutes. Goûtez, puis salez et poivrez si nécessaire.
2. Pour la pâte, faites un tas avec la farine et creusez un puits au centre. Cassez les œufs et versez-les dans le puits, avec le sel. À l'aide d'une fourchette, mélangez délicatement, du centre vers l'extérieur, jusqu'à ce que le mélange soit bien homogène. Pétrissez la pâte obtenue pendant 10 à 15 minutes ou bien jusqu'à ce qu'elle soit douce et élastique. Recouvrez-la de film alimentaire et laissez-la reposer pendant au moins 30 minutes.
3. Pour la farce, mixez les cœurs d'artichauts avec l'ail, le basilic et le parmesan, jusqu'à obtention d'une mousse onctueuse. Pour une texture plus crémeuse, vous pouvez incorporer un peu d'huile de conservation des artichauts. Salez et poivrez à votre convenance.
4. Sur une surface sèche et farinée, abaissez la pâte au rouleau et faites plusieurs rectangles d'une épaisseur de moins de 2 à 3 mm. Imaginez une ligne au centre de chaque rectangle de pâte. Déposez plusieurs cuillerées de garniture sur un côté de la ligne. À l'aide d'un pinceau mouillé, humidifiez la pâte autour de chaque cuillérée de farce. Repliez la pâte pour recouvrir la farce et appuyez autour de chaque portion afin de fermer les ravioli. Découpez ensuite chaque ravioli en demi-lunes (agnolotti) avec une roulette à ravioli dentelée. Assurez-vous que les bords soient bien fermés.
5. Faites cuire les agnolotti dans un grand volume d'eau bouillante salée pendant 3 à 4 minutes.
6. Répartissez les agnolotti et la sauce tomate dans 4 assiettes, et parsemez de basilic. Servez immédiatement.

Tortellini ricotta e spinaci aux champignons

20 cl de bouillon de légumes
10 cl de Xérès
10 cl de crème légère
300 g de champignons de Paris ($^{1}/_{3}$ finement hachés et $^{2}/_{3}$ coupés en lamelles)
400 g de tortellini à la ricotta et aux épinards
sel, poivre du moulin

1. Dans une casserole, versez le bouillon, le Xérès et la crème, puis ajoutez les champignons hachés.
2. Portez le mélange à ébullition et laisser mijoter pendant 10 minutes (ou jusqu'à ce que le liquide ait réduit de moitié). Filtrez la sauce.
3. Pendant ce temps, faites cuire les tortellini dans un grand volume d'eau bouillante salée.
4. Faites réchauffer la sauce et incorporez les champignons en lamelles. Laissez mijoter pendant 1 minute.
5. Servez les tortellini et la sauce dans des assiettes creuses, et parsemez d'un peu de poivre du moulin.

Tortellini tricolores à la sauce aux poivrons

20 cl de bouillon de légumes
10 cl de vin blanc sec
1 cuill. à soupe de concentré de tomates
1 poivron rouge coupé en dés
1 poivron vert coupé en dés
1 poivron jaune coupé en dés
400 g de tortellini tricolores
sel

1. Faites chauffer le bouillon et le vin blanc, puis incorporez le concentré de tomates et laissez mijoter à feu doux pendant 4 minutes.
2. Ajoutez les dés de poivrons et faites mijoter doucement pendant 4 minutes supplémentaires.
3. Faites cuire les tortellini dans un grand volume d'eau bouillante salée.
4. Égouttez-les bien et répartissez-les dans des grands bols. Déposez la sauce par-dessus et servez immédiatement.

Conchiglioni à la ricotta, aux petits pois et à la béchamel

1 cuill. à soupe de beurre
+ 1 noisette pour graisser le plat
1 échalote hachée
1 cuill. à soupe de farine
20 cl de lait
100 g de parmesan râpé
200 g de petits pois
450 g de ricotta
400 g de conchiglioni
sel

1. Préchauffez le four à 200 °C (thermostat 6/7).
2. Pour la sauce béchamel, faites chauffer le beurre dans une petite casserole. Faites revenir l'échalote jusqu'à ce qu'elle ramollisse, puis incorporez la farine et faites cuire le tout pendant 1 minute supplémentaire, sans laisser le mélange brunir. Versez petit à petit le lait dans le mélange au beurre. Réduisez le feu et laissez mijoter la sauce pendant 1 à 2 minutes. Ajoutez ensuite 50 g de parmesan.
3. Faites cuire les petits pois dans de l'eau bouillante salée pendant 2 minutes environ, jusqu'à ce qu'ils deviennent tendres.
4. Mélangez la ricotta et le reste de parmesan, puis mélangez aux petits pois.
5. Faites cuire les pâtes al dente dans un grand volume d'eau bouillante salée. Retirez-les de l'eau et déposez-les sur un linge pour qu'elles s'égouttent.
6. Farcissez les conchiglioni avec la préparation à la ricotta, puis placez-les dans un plat préalablement beurré. Déposez un peu de béchamel dans chaque pâte.
7. Faites cuire pendant 10 minutes environ (ou jusqu'à ce que les pâtes soient bien cuites).

Cannelloni au pourpier, à la ricotta et à la sauce tomate

500 g de pourpier
4 tomates épépinées et coupées en dés
1 petite poignée de feuilles de basilic hachées
200 g de ricotta
du beurre pour graisser le plat
250 g de cannelloni (précuites si nécessaire : lisez les indications figurant sur le paquet)
50 g de parmesan grossièrement râpé
sel, poivre du moulin

Pour la sauce tomate :
400 g de tomates (fraîches ou tomates italiennes pelées en boîte)
3 cuill. à soupe d'huile d'olive
1 carotte finement émincée
1 oignon haché
1 branche de céleri finement hachée
2 gousses d'ail épluchées
1 piment rouge épépiné et haché
2 cuill. à soupe d'herbes aromatiques fraîches (basilic, persil, origan, thym)
sel, poivre

1. Préchauffez le four à 200 °C (thermostat 6/7).
2. Pour la sauce tomate, pelez et hachez grossièrement les tomates fraîches. Si vous utilisez des tomates en boîte, coupez les en morceaux et égouttez-les.
3. Faites chauffer l'huile d'olive dans une poêle. Faites revenir la carotte, l'oignon et le céleri jusqu'à ce que l'oignon soit translucide. Ajoutez ensuite l'ail et le piment. Incorporez les tomates et les herbes, puis salez et poivrez selon votre goût. Laissez mijoter doucement jusqu'à obtention d'une sauce épaisse.
4. Pendant ce temps, portez à ébullition un grand volume d'eau. Plongez-y le pourpier préalablement nettoyé. Dès qu'il commence à flétrir, retirez-le de l'eau et égouttez-le. Essayez d'extraire le maximum d'eau du pourpier.
5. Coupez-le ensuite en tranches fines que vous déposerez dans un saladier. Incorporez les dés de tomates, le basilic et la ricotta, puis salez et poivrez à votre convenance.
6. Farcissez les cannelloni avec la préparation au pourpier (le meilleur moyen d'y arriver est d'utiliser une poche à douille). Déposez-les ensuite dans un plat beurré. Recouvrez de sauce tomate et laissez cuire pendant 30 minutes.
7. Retirez les cannelloni du four et répartissez-les dans 4 assiettes. Parsemez de parmesan et servez immédiatement.

Souvent considéré comme une mauvaise herbe, le pourpier pousse dans la plupart des jardins. Comme les épinards, ses feuilles et ses jeunes tiges sont délicieuses en salades et peuvent également être cuites. Le pourpier contient plus d'oméga-3 que tout autre légume-feuille. Dans certains pays, cette plante n'est pas consommée, mais utilisée uniquement à des fins thérapeutiques. Elle permettrait de ralentir le rythme cardiaque et de soulager les brûlures d'estomac. Les Grecs l'utilisaient pour traiter la constipation et les infections urinaires. Dans l'Antiquité, Pline l'Ancien recommandait de porter du pourpier comme une amulette pour éloigner les démons.

Tortellini al formaggio

½ cuill. à soupe d'huile d'olive
1 gousse d'ail hachée
500 g de tomates coupées en 4
20 cl de bouillon de légumes
1 branche de thym
1 petite poignée de basilic frais
1 petite poignée de persil frais
400 g de tortellini al formaggio
100 g de parmesan râpé
sel, poivre

1. Faites chauffer l'huile d'olive dans une poêle et faites-y revenir l'ail et les tomates pendant 1 minute.
2. Versez le bouillon et portez à ébullition.
3. Réduisez le feu, déposez les herbes sur le bouillon et laissez mijoter pendant 15 minutes.
4. Retirez les herbes (leurs arômes devraient à présent être totalement infusés). Mixez la sauce, puis salez et poivrez selon votre goût.
5. Faites cuire les tortellini al dente dans un grand volume d'eau bouillante salée. Égouttez-les, puis mélangez-les à la sauce.
6. Parsemez de fromage râpé et servez immédiatement.

Colonnes de lasagne à la tomate, au pesto et au fromage de chèvre

8 feuilles de lasagne
de l'huile d'olive pour graisser le plat
400 g de fromage de chèvre doux
4 tomates coupées en rondelles
4 cuill. à soupe de pesto (voir la recette p. 82)
sel

1. Préchauffez le four à 200 °C (thermostat 6/7).
2. Faites cuire les lasagne al dente dans un grand volume d'eau bouillante salée en suivant les indications figurant sur le paquet.
3. À l'aide d'un emporte-pièce, découpez 16 ronds dans les feuilles de lasagne.
4. Graissez un plat avec de l'huile d'olive et dressez 4 « colonnes » de lasagne : pour chacune d'elles, déposez d'abord un rond de pâte, puis du fromage de chèvre émietté, une rondelle de tomate, puis un autre rond de pâte et ½ cuillère à soupe de pesto. Continuez dans cet ordre en terminant par un rond de pâte. Versez un peu d'huile d'olive par-dessus.
5. Faites cuire pendant 5 minutes environ ou jusqu'à ce que le fromage fonde. Servez immédiatement.

Délicieux accompagné d'une salade verte.

Cannelloni aux épinards et au fromage affiné

500 g d'épinards nettoyés et hachés
1 petite poignée de feuilles de basilic hachées
250 g de fromage à pâte dure râpé (réservez-en ¼ pour parsemer à la fin)
du beurre pour graisser le plat
250 g de cannelloni
2 cuill. à soupe de pignons de pin
sel, poivre du moulin

1. Préchauffez le four à 200 °C (thermostat 6/7).
2. Portez un grand volume d'eau à ébullition, puis plongez-y les épinards. Dès qu'ils commencent à flétrir, retirez-les de l'eau et laissez-les s'égoutter dans une passoire. Enlevez le plus d'eau possible.
3. Mélangez le basilic et un peu plus de la moitié du fromage avec les épinards, puis salez et poivrez selon votre goût.
4. Beurrez un plat à four. Farcissez les cannelloni avec la garniture aux épinards (cela se fait plus facilement à l'aide d'une poche à douille), puis déposez-les dans le plat. Parsemez du reste de fromage et des pignons de pin.
5. Faites cuire les cannelloni pendant 30 minutes environ, jusqu'à ce qu'ils soient dorés et bien cuits.

En Italie, le basilic est le symbole de l'amour. En France, cette plante est appelée « herbe royale », mais elle a un symbolisme très négatif en Grèce. Par ailleurs, selon une légende africaine, le basilic protégerait des scorpions. Quelle que soit votre croyance, une seule chose reste universelle : il doit être utilisé aussi frais que possible !

Pour vos plats chauds, n'ajoutez le basilic qu'à la toute dernière minute. En effet, s'il est exposé à trop de chaleur, il perdra rapidement sa saveur. N'utilisez jamais de basilic séché : celui-ci n'a presque pas de goût et le peu qui reste rappelle plus celui de la paille que celui du véritable basilic.

PANINI
TOAST
PRALINES
RICCIARELLI
TORRONE

Ravioli à la sauce aux noisettes et au mascarpone

150 g de noisettes décoquillées
20 cl de bouillon de légumes
200 g de mascarpone
400 g de ravioli mezzaluna ai funghi porcini
1 poignée de roquette hachée
sel

1. Hachez finement les noisettes à l'aide d'un mixeur. Mélangez le bouillon de légumes et le mascarpone jusqu'à obtention d'un mélange bien lisse. Incorporez les noisettes et laissez mijoter le tout pendant 5 minutes à feu doux. Mixez jusqu'à ce que le mélange soit bien homogène.
2. Faites cuire les ravioli al dente dans un grand volume d'eau bouillante salée. Égouttez-les, puis répartissez dans des assiettes.
3. Versez un peu de sauce sur les ravioli et parsemez-les de roquette. Servez immédiatement.

Les piments et les épices

La sauce piquante *all'amatriciana* ne serait pas la même sans eux : il s'agit évidemment des piments rouges bien forts ! Le poivre et autres épices sont en général utilisés avec modération dans la plupart des recettes italiennes. Pourtant, si vous supprimez ces assaisonnements uniques en leur genre, la cuisine italienne ne sera simplement plus la même.

Les piments *(peperoncini)*

Quand on pense à la cuisine italienne, on pense à tout sauf au fait qu'il s'agit d'une cuisine épicée. Les italiens du Sud préparent pourtant de bons petits plats assez relevés. Les habitants de la Basilicate, par exemple, sont connus pour faire pousser leurs propres piments, et pas seulement pour la décoration ! Leurs sauces pour pâtes et leurs *ragù* peuvent être étonnamment épicés. Les plus petits *peperoncini* sont aussi les plus forts, ce qui leur vaut le nom de *diavolini* (petits diables). Les italiens les cultivent chez eux et les font sécher eux-mêmes au soleil, le long des murs de leurs maisons. Les plats originaires d'Apulie sont également très pimentés, notamment les célèbres orecchiette aux brocolis et aux anchois. Il en va de même pour les recettes concoctées par les bergers des Abruzzes, comme les *spaghetti all'amatriciana* au bacon et au piment séché.

Le poivre

Lorsqu'il est demandé dans une recette italienne d'ajouter du poivre, il s'agit presque toujours de grains de poivre noir fraîchement moulus. Quelquefois, le poivre est directement incorporé dans la pâte à pâtes, ce qui lui confère un aspect moucheté et un goût agréablement relevé.

La noix de muscade *(noce moscata)*

La cuisine italienne utilise la noix de muscade fraîchement râpée pour relever de nombreux plats, comme la viande ou la farce au potiron pour les ravioli, ou encore pour assaisonner la sauce béchamel. La muscade apporte également la touche finale à de nombreux *ragù*.

Le safran *(zafferano)*

Le safran est l'épice la plus chère du monde. Ces petits filaments donnent leur couleur jaune brillant et leur saveur délicate à des plats comme les *spaghetti allo zafferano*, à la sauce crémeuse et soyeuse, ou aux *malloreddu* de Sardaigne, sortes de gnocchi de couleur jaune doré. Les filaments de safran ne sont rien d'autre que les pistils du crocus, fleur largement cultivée dans la région des Abruzzes et surnommée à juste titre « l'or des Abruzzes ». Laissez les brins se réhydrater dans de l'eau chaude pendant 10 minutes avant de les ajouter à un plat. Une petite quantité de safran suffira largement.

Le clou de girofle *(giodo di garofano)*

Dans la cuisine italienne, les clous de girofle sont utilisés avec parcimonie. Le *cuscusu* sicilien (couscous à base de poisson) est souvent préparé avec des clous de girofle et du laurier. Le basilic frais a souvent un léger goût de clou de girofle, surtout s'il a poussé à un endroit très ensoleillé. Une petite pincée de clous de girofle moulus est parfois ajoutée au *pesto* frais si le basilic n'est pas assez aromatique.

AE·FVERVNT·TERTIVM·DECIMVM·CONS
VNIVERSVS·APPELLAVIT·ME·PATREM·PATRI
IVLIA·ET·IN·FORO·AVG·SVB·QVADRIGIS
M·AGEBAM·SEPTVAGENSVMVM·SEXTVM
MANAE·VEL·DIMISSIS·MILITIBVS·DENARI
TONANTIS·ET·FERETRI·APOLLINIS·DIVI
RVM·DEVM·PENATIVM·IVVENTATIS
HALCIDICO·FORVM·AVGVSTVM
TRANS·TIBERIM·CAESARVM
THEATRVM·POMPEI·AQVARVM·R
A·ET·MVNERA·GLADIATORVM
COLONIS·IN·ITALIA·OPPIDIS
M·AMICIS·SENATORIBVSQVE

MATRIS·IVL
ILICAM·IVL
EFECI·CAP
VOS·VIAM·
TQVE·ATH
IN·PROV
QVORVM·

Index

V

X